직원 중심의
ESG 경영

코로나 벤치로부터의 교훈

지난 2019년 말에 중국에서 첫 환자가 보고된 이후, 만 3년을 넘게 우리는 코로나COVID-19라는 전염병으로 인하여 고통받고 있다. 전 세계 사람들이 이렇게 오랜 시간 일상이 흔들리고, 살아가는 문제에 직접적인 영향을 받은 경우도 내 기억으로는 없는 것 같다. 특히, 개인적으로 코로나 사태의 심각성을 미처 인지하지 못하고 2nd Career를 위하여 2020년 2월 말에 대기업에서 자발적으로 퇴직한 나로서는 경력 계획에 엄청난 차질을 빚으면서 어려움을 겪었던 시기였기에, 코로나의 심각성에 대하여 누구보다도 절실하게 느낀 경우라고 할 수 있다.

코로나로 인하여 '사회적 거리두기'를 해야 하기에, 우리의 일상은 마스크를 착용하고 대중교통을 이용하는 등의 많은 변화를 겪을 수밖에 없었다. 그 가운데 우리가 무심코 매일 이용하던 동네 공원의 벤치들도 변화가 생긴 것이다. 내가 이용하는 동네 벤치의 대부분은 팬데믹Pandemic 시절에 테이프를 둘러 사용을 아예 금지하는 모습이었다. 사람을 통한 감염을 예방하기 위한 불가피한 조치였다고 생각한다. 하지만, 비슷한 상황에서 다음과 같은 이미지의 벤치를 인터넷에서 본 기억이 있다.

코로나 예방을 위해서 사회적 거리두기는 해야 하지만, 우리가 편리하게 이용하던 벤치를 최소한으로는 계속 이용하고 싶다는 고민의 결과 이러한 벤치도 등장한 것이다. 이제는 끝나가는(원고를 집필하는 2022년 12월 현재, 정부에서 실내 마스크 착용 해제를 검토한다는 뉴스가 나오고 있다.) 우울한 코로나 얘기를 하자는 것은 아니다. 위의 '코로나 벤치'를 보면서, 지금 기업 경영의 최대 화두로 떠오른 ESG 경영의 효과적인 실행 전략을 찾아보자는 제안을 하고 싶은 것이다.

첫째, 『대응(적응)』이다. 위와 같은 벤치가 등장하게 된 것은 당연히 코로나라는 변화가 우리에게 왔기 때문이다. 하지만, 중요한 것은 똑같은 코로나라는 변화에 대하여 벤치 하나의 사례만 보더라도 대응하는 방식이 국가별·지자체별로 다르다는 것이다. 감염 예방을 위하여 아예 벤치를 철거하는 방식, 테이프 등을 이용하여 한시적으로 이용을 금지하는 방식, 최소한의 사회적 거리두기가 가능하도록 벤치의 구조를 변경하는 방식, 또 극단적으로는 사회적 거리두기와 상관없이 예전같이 그대로 이용하는 방식 등 저마다의 방역 기준에 따라 다른 모습으로 나타나게 된다.

ESG 경영도 마찬가지라고 할 수 있다. 나는 경영지도사로서 특히 여러 중소기업 관계자분들을 만나서 ESG 경영을 강의하고 코칭하는 경우가 많다. 그때 만나는 각 기업 관계자들의 공통적인 의견은 "우리는 해외 기업이나 국내 대기업과는 규모나 입장이 다른데, 어떻게 그들과 같은 수준으로 ESG 경영을 할 수 있느냐?"는 것이다. 맞는 얘기이다. 당장의 수익이 확보되지 않아서 기업의 생존이 불투명한 상황, 적은 직원으로 운영되는 현실적인 부분을 감안할 때 대기업 수준으로 ESG 경영을 한다는 것은 불가능한 것이고, 극단적으로는 불필요한 것이라고 생각한다. 그렇기에, 나는 위의 코로나 벤치 사례와 같이 ESG 경영과 관련한 우리의 '대응 방식'을 먼저 결정할 필요가 있다고 늘 강조한다. ESG라는 변화가 우리에게 어떤 의미가 있고, 그 변화에 대하여 우리는 어떤 방식으로 대응할 것인가를 심각하게 고민하고 결정하는 작업이 선행되어야 한다는 것이다. 무작정 다른 기업이 하는 방식대로 무리하게 ESG 경영을 '따라 하는 것'이 아니라, 우리의 상황에 맞춰 전략적으로 대응하겠다는 생각이 먼저 필요하다. 그것이 바로 '전략적 ESG 경영'이라고 생각한다. 나는 기업 경영에서 전략은 다른 말로 '선택과 집중'이라고 배웠다. 우리 기업의 경영 목표를 달성하기 위하여 ESG 경영의 수많은 이슈 중에서 어느 이슈를 선택하고 이를 집중적으로 관리하고 실행할 것인가가 결정되지 않은 채 ESG 경영을 무작정 도입하고 실행하는 것을 가장 경계해야 한다.

코로나 벤치 사례를 통한 두 번째 제안은 『균형』이다. 벤치가 벤치로써 제 기능을 다하기 위하여 요구되는 많은 요소들이 있지만, 가장 핵심적인 것은 바로 좌우의 균형이라고 할 수 있다. 왼쪽과 오른쪽 다리의 길이가 같고 재질도 똑같이 튼튼한 것으로 제작되어야만 비로소 사람들이 편하게 쉴 수 있는 벤치가 되는 것이다. ESG 경영도 마찬가지이다. 거시적으로 ESG 경영은 기존 기업 경영에서 중요하게 관리되던 '재무적 성과'와 함께 환경(E)·사회(S)·지배구조(G) 등의 '비재무적' 영역에서의 성과 관리도 균형 있게 해 달라는 이해관계자들의 요구에 대응하는 기업의 경영 활동이기에 기본적으로 '균형'을 반드시 감안해야 한다. 또한, 활동을 추진하는 과정에서 우리 기업으로 인한 부정적 영향을 최소화하는 노력(환경 오염 예방 활동 등)과 긍정적 영향을 극대화하는 활동(안정적인 일자리 창출 등)이 균형을 이루어야 할 필요도 있다. 더 범위를 좁히면 ESG 경영을 실행하는 과정에서도 어느 특정 분야만 열심히 챙긴다고 모든 것이 해결되는 활동이 아니다. 환경(E)·사회(S)·지배구조(G) 전全 영역에서 균형 있게 우리의 경쟁력을 강화하는 활동이 필요한 것이기에, ESG

경영에 있어 '균형'은 가장 중요한 기준이라고 할 수 있다.

////////////////////

 이 책은 ESG 경영에 대한 기본적인 개념을 소개하는 책이 아니다. 이미 서점에는 기업의 ESG 경영을 지원하기 위하여 핵심적인 개념과 이슈를 소개하는 많은 책과 자료들이 있기에, 이 부분은 생략할 것이다. 대신, '균형'의 관점에서 기업의 ESG 경영에서 우리가 좀 더 주의 깊게 살펴보고 챙겨야 하는 이슈에 집중하고자 한다. 그것은 바로 '직원'이다. 지난 2020년부터 언론에서 보도되는 ESG 경영 관련 기사를 떠올려 보면, '환경' 이슈가 대부분인 것 같다. 기후변화 대응, 탄소 중립, 온실가스, 신재생에너지 등 환경 관련 기사의 보도가 많다는 것은 그만큼 전 세계가 직면한 기후변화 이슈에 대한 대응이 중요하다는 것을 방증하는 것이기에 충분히 동의할 수 있는 현상이라고 생각한다. 하지만, 균형이라는 관점에서 '우리가 환경만 챙기면 기업 경영의 모든 것이 해결될 수 있을까'라는 문제를 제기하고자 하는 것이다.
 경영학에서는 기업과 같은 '조직組織'의 성립 요건으로 세 가지를 제시하고 있다. ①공동의 목적, ②2인 이상의 사람, ③지속적인 상호 작용이 바로 그것이다. 결국, 기업은 2인 이상의 직원들이 지속적으로 상호작용을 하면서 기업의 목적(지속적인 성장과 발전, Vision 실현, 경영 목표 달성 등)을 달성해 나가는 조직인 것이다. ESG 경영도 마찬가지라고 할 수 있다. 우리 기업이 아무리 혁신적으로 온실가스 감축 목표를 이해관계자들에게 약속하더라도 결국 그것을 실천해야 하는 주체는 바로 우리 '직원[*]'들이다. 우리 회사가 아무리 그럴싸한 윤리 규범과 행동 지침을 정리해서 홈페이지에 올려놓았더라도 모든 임직원들이 그것을 실천하지 않으면 아무런 의미가 없는 것이다. 한 명이라도 기준과 규칙을 지키지 않는다면, 우리가 만들어 놓은 것들은 의미가 없어진다. 그렇기에, 우리 기업들이 이해관계자들의 관심이 높아지는 기후변화 이슈에 빠르고 효과적으로 대응하는 것도 중요하지만, 우리 회사에서 근무하는 직원들을 합리적으로 대우하고 효과적으로 동기부여 하는 활동도 동시에 중요하다는 것이다.

직원들에 대한 지원과 동기부여를 우선적으로 실행하여, 직원들이 회사가 목표로 하는 ESG 경영을 자발적으로 실천하도록 하는 전략적인 접근 방식. 그것이 바로 '직원 중심의 ESG 경영'이다.

....

[*] 사실 '직원Employees'이라는 용어는 근로계약에 따라 고용주의 요구나 지시를 따르는 사람이라는 수직적이고 수동적인 의미의 용어이다. 우리 기업이 추구해야 할 모습은 이와는 다르다고 생각한다. 구성원Members이나 동료Colleagues 정도가 적당한 용어라고 생각하지만, 아직은 우리 모두에게 통용되는 새로운 용어가 없는 상태이기에, 이 책에서는 직원이라는 용어를 그대로 사용한다.

목 차

제1장

××

ESG
경영 시대

"사람은 먹지 않으면 살 수가 없고,
기업도 이익이 나지 않으면 존재할 수가 없다.
하지만 사람이 먹기 위해서만 사는 게 아니듯,
기업도 이익을 내려고만 존재해서는 안 된다."

_ JOHN MACKEY, 《깨어있는 자본주의》 저자

1

ESG 경영의 '개념'

서문에서도 얘기했듯이, 이 책은 ESG 경영의 일반적인 개념과 이슈를 소개하기 위한 책이 아니다. 그렇기에, ESG 경영에 대한 개념은 간단하게만 살펴보고, ESG 경영이 우리 기업에게 어떤 의미가 있고 기업의 성과 창출을 위하여 ESG 경영을 어떻게 실천할 것인가에 대한 방법론을 제시하고자 한다.

ESG 경영은 '환경Environment, 사회Social, 지배구조Governance의 머리글자로, 환경 경영, 사회적 책임, 건전하고 투명한 지배구조에 초점을 둔 지속가능성Sustainability을 달성하기 위한 기업 경영의 세 가지 핵심 요소라고 일차적으로 이해할 수 있다.[1]

· 환경 : 기업의 경영 활동 과정에서 발생하는 환경 영향 전반을 포괄하는 요소들이 포함되며, 최근 기후변화와 관련

된 탄소 중립·재생에너지 사용 등이 중요한 요소로 부각

- 사회 : 임직원·고객·협력 회사·지역사회 등 다양한 이해관계자에 대한 기업의 권리와 의무·책임 등의 요소가 포함되고, 최근 인권, 안전·보건 등에 대한 이슈가 화두
- 지배구조 : 회사의 경영진과 이사회, 주주 및 회사의 다양한 이해관계자의 권리와 책임에 대한 영역으로 이사회의 다양성, 임원 급여, 윤리경영 및 감사기구 등이 강조

지난 2021년 말에 정부부처 합동으로 발간된 《K-ESG 가이드라인》에 따르면, 기업들은 ESG 관점에서 아래의 핵심 항목들을 관리할 필요가 있다.[1]

ESG 영역별 구성 요소

환경	사회	지배구조
환경경영 목표	사회 목표	이사회 구성
원부자재	노동	이사회 활동
온실가스	다양성 및 양성 평등	주주 권리
에너지	산업안전	윤리경영
용수	인권	감사기구
폐기물	동반성장	관련 법/규제 위반
오염물질	지역사회	
관련 법/규제 위반	정보보호	
환경 라벨링	관련 법/규제 위반	

여기에서 한 번 더 강조하고 싶은 것은, K-ESG 가이드라인에서 제시된 61개 항목만 관리하면 이해관계자들의 기대를 100% 충족할 수 있는가에 대하여 정확하게 이해할 필요가 있다는 것이다. 기업의 ESG 활동에 대하여 주식 시장 및 평가 기관 중심으로 이해관계자들의 평가가 확대되고 있는데, 자료에 의하면 지금 전 세계에서 작동되는 평가 기준의 Set가 600여 개가 된다고 한다. 평가 항목이 600개가 아니라, 이러한 평가 항목들의 Set가 600개라는 것이다. 물론, 평가 기관별로 전혀 다른 항목들로 구성되어 있지는 않고, 대부분의 평가 항목이 중복된다고 하더라도 기업 입장에서는 위에서 설명한 61개 항목에 대한 대응만으로는 충분하지 않다는 점을 이해할 수 있을 것이다. 그럼, 정부가 제안하는 'K-ESG 가이드라인'을 활용한 관리 활동이 의미가 전혀 없는 것일까? 그렇지는 않다. 한 마디로 얘기하면 우리 회사의 ESG '기초 체력'을 키우는 데는 아주 유용하게 활용될 수 있기 때문이다. 예를 들어, 국가 대표 축구 선수가 월드컵에 대비하여 훈련을 하는 과정을 상상해 보자. 일차적으로는 체력을 키우고 몸을 유연하게 만드는 기초 훈련을 충실히 오랜 기간 동안 집중해서 진행한다. 그리고 그 후에 프리킥이나 코너킥 상황에서의 전술 훈련 등 득점을 위한 훈련을 연결해서 진행한다. 이와 마찬가지로 우선적으로 K-ESG 가이드라인을 활용하여 우리 회사의 ESG 기초 체력을 지속적으로 관리하는 것이 필요하고, 그 후에 평가 기관이나 고객사가 요구하는 ESG 관리 항목에 대한 대응을 연결하면 되는 것이다.

앞서 얘기했듯이, 중요한 것은 ESG 경영이 우리 기업에게 어떤 의미가 있고, 기업의 성과 창출을 위하여 ESG 경영을 어떻게 활용할 것인가에 대한 '전략'을 수립하는 것이기에, 이를 위하여 ESG 경영의 목적, 동인, 영역, 의미를 순서대로 살펴보고자 한다.

2

ESG 경영의 '목적'

ESG 관련 교육 과정에서 가장 많이 논의되는 이슈 중의 하나는 'ESG 경영이 기업의 목적인가? 아니면 수단인가?'라는 것이다. 너무나도 당연한 질문인 것 같아 보이지만, 요즘 기업들의 ESG 활동을 보다 보면, 과연 우리 기업들이 이 부분을 정확히 이해하고 있는지 한 번 더 점검이 필요하겠다는 생각에서 언급해 본다.

ESG 경영은 목적이 아니고, 분명 '수단'일 것이다. 기업이 수행하는 수많은 경영 활동(수단) 중에서 이해관계자들의 요구에 대응하기 위하여 실행하는 것이 ESG 경영이기 때문이다. 그럼, ESG 경영의 목적은 무엇일까? 지금 이 책을 읽고 있는 독자(기업 담당자)는 우리 회사가 무엇을 위하여 ESG 경영을 추진하는지에 대해 생각해 보기를 바란다.

• 외부 평가 기관의 ESG 평가를 잘 받는 것

- 언론에 긍정적인 기사가 나오는 것
- 연말 컨퍼런스에서 수상하는 것
- 기업 광고에 ESG라는 단어를 쓰는 것
- 유행에 뒤처지지 않고 같이 하는 것
- CEO가 외부 행사에서 멋진 Speech를 하는 것

앞서, ESG 개념에 대한 소개에서 언급했듯이, 일반적으로 ESG 경영의 목적은 '지속가능성Sustainability'이다. 우리 기업이 지속적으로 영속 발전하겠다는 목적이 없다면 굳이 ESG 경영이라는 수단을 도입할 필요가 없다는 의미가 되는 것이다.

제품이나 서비스를 개발하여 고객에게 제공하는 모든 기업에 해당하는 공식이 하나 있다. 바로 기업의 '생존부등식'이다. 나는 이 개념이 기업 경영의 본질을 가장 명쾌하게 설명하는 것이라고 생각

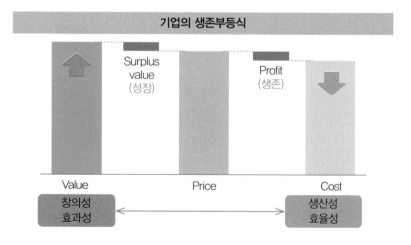

하기에 인용해 보고자 한다.[(2)]

　모든 기업의 일차적인 숙제는 '생존'이다. 살아남지 못하면 아무 의미가 없는 것이다. 이 생존이라는 숙제를 다 하기 위해서는 시장에서 형성된 가격$_{Price}$에 비하여 무조건 더 낮은 비용$_{Cost}$으로 제품이나 서비스를 제공할 수 있어야 한다. 그 차액이 기업의 수익$_{Profit}$이 되어 망하지 않고 기업을 유지할 수 있게 되는 것이다. 시장에서 고객에게 1백만 원에 휴대폰을 팔 경우, 휴대폰을 제조·판매하는 과정에서 투입되는 총비용은 무조건 1백만 원보다 적어야 한다는 것이다. 그렇기에, 모든 기업은 지속적으로 비용 절감$_{Cost-down}$ 활동을 하게 된다.

　또한, 기업은 단순히 망하지 않는 수준을 넘어서 지속적인 성장과 발전을 이룰 수 있어야 한다. 시장에서 1, 2등은 아니더라도 성장 없이는 지속적인 생존을 담보할 수가 없다. 이를 위해서는 시장에서 우리의 제품이나 서비스를 구매한 고객들이 느끼는 가치$_{Value, 만족}$가 가격$_{Price}$보다 커야 한다. 만족감이 커야만, 한 번 구매한 고객이 해당 제품과 서비스를 재구매할 수도 있고, 주변에 추천해 줄 수도 있다. 또한, 고객의 만족스러운 평가가 이어지면서 새로운 시장을 개척할 가능성도 생길 수 있다. 시장에서 1백만 원을 주고 휴대폰을 샀는데, 사용 과정에서 고객이 느끼는 만족감이 1백만 원을 넘어서는 경우로 생각하면 되겠다. (나는 얼마 전에 새로운 휴대폰을 구입했다. 이전에 사용하던 휴대폰 대비 카메라의 성능이 엄청나다. 요즘은 일상

생활에서 멋진 사진을 찍는 재미로 살아갈 정도로 이 휴대폰이 나에게 주는 만족감이 크다. 돈이 아깝지 않다.)

그럼, 기업의 지속 가능한 성장과 발전을 위한 '생존부등식' 차원에서 ESG 경영은 어떤 역할을 할 수 있을까? 그것은 기업별 상황에 따라서 차이가 있을 것이기에 획일적인 결론을 얘기할 수는 없다. 예를 들어 우리 회사가 ESG 경영을 하는 과정에서 '탄소 중립'을 빠르게 달성한다는 활동만을 생각하면 시장에서 아직 가격이 높은 재생에너지를 구입해야 한다는 추가적인 비용 상승효과만 초래할 수 있기에, 생존부등식 관점에서는 해서는 안 되는 활동이다. 하지만, 그러한 탄소 중립 활동을 통하여 시장의 고객이나 우리와 거래하는 고객사들에게 제공하는 가치Value가 있다면, 그 부분(+)에 대한 치밀한 검토까지 병행하여 최종적인 의사결정을 해야만, 지속 가능한 '생존과 성장'이라는 목적 달성에 부합하는 ESG 경영 전략이 될 수 있는 것이다. 이렇듯, ESG 경영과 관련된 모든 의사결정 과정에서 활동의 목적인 우리 기업의 '지속가능성'을 기준으로 판단할 필요가 있다는 점을 강조하고 싶다.

ESG 경영의 '동인'

일반적으로 기업이 ESG 경영을 도입하게 되는 동인動因, Drivers으로 세 가지를 얘기하곤 한다.

ESG 경영의 동인

- 국제 규범 준수 활동으로서의 ESG
- 기업 경영 활동의 Risk 최소화

Pressure

ESG

Strategy   Values

- 사업 전략으로서의 ESG
- 경제적/사회적 성과 창출

- 기업 철학, 임직원 열망 실천 수단으로서의 ESG
- 기업의 목적Purpose 실현

첫째, 외부 압력Pressure때문에 ESG 활동을 도입하는 것이다. 2022년 한 해 동안 ESG 경영과 관련하여 가장 자주 언급된 단어가 '공급망 ESG'라고 생각한다. 2022년 2월 EU의회의 '기업 지속가능성 실사 지침EU Corporate Sustainability Due Diligence Directive' 법제화로 인하여 2024년부터 일정 규모 이상인 EU의 기업과 EU 시장에서 일정 금액 이상의 매출이 발생되는 제3국의 기업들은 공급망(협력사)에서 노동·인권·환경과 관련해 어떤 이슈가 있는지를 정기적으로 점검하고 개선한 결과를 의무적으로 보고하게 될 것이다. 이제는 우리 기업만 열심히 ESG 관리 활동을 수행한다고 되는 것이 아니라, 우리와 거래하는 협력사들도 우리 기업 못지않게 ESG 관리 활동을 하도록 유도하고 그 결과에 대한 책임을 우리 기업이 지는 것으로 기업 생태계가 바뀌고 있는 것이다. 그리고 이러한 변화(고객사의 Pressure)와 연결되어 한국의 많은 기업이 ESG 경영을 도입하는 사례가 늘고 있는 상황이다. 외부 압력에 대한 대응 활동으로써 ESG 경영이 우선 필요한 기업의 경우에는 무엇보다도 이해관계자들이 요구하는 환경(E)·사회(S)·지배구조(G)의 기준을 철저히 준수하여 경영 활동 과정에서 리스크Risk가 발생하지 않도록 예방하는 활동 중심의 ESG 전략 수립이 필요할 것이다.

둘째, 기업 전략Strategy 관점에서 ESG 경영을 도입하는 경우이다. 지난 2011년 말에 경영 전략 분야의 대가인 마이클 포터Michael Eugene Porter 교수가 주창한 'CSVCreating Shared Value, 공유가치 창출' 개념이 한국 기업에 회자되었다. CSV란 쉽게 얘기하면, 우리의 사업을 통하여 환경(E)·사회(S) 문제 해결에 기여하자는 것이다. 이를 통하여 회사 입장에서의 재무적 성과와 함께 환경(E)·사회(S)적 성과를 동시에 창출하는 경영 전략의 일환이다. 우리 기업들도 ESG 경영을 단순히 외부요구에 대응하는 수동적 경영 활동 수준으로만 이해·도입할 것이 아니라, 우리의 새로운 사업 기회를 창출한다는 능동적 관점으로 전환해야만 할 것이다.

2021년에 나는 경기도 평택에 소재한 중소기업 한 곳을 방문하여 인터뷰를 진행하였다. 이 기업은 비닐 포장지를 생산하여 약국과 슈퍼 등에 납품하는 중소기업인데, CEO가 몇 년 전부터 시장의 변화를 살펴보니 환경적 이슈가 대두되면서 비닐 제품의 지속가능성이 위협받는 상황으로 확인되고 이를 극복할 수 있는 제품 전략이 필요하여, 정부의 R&D 지원 사업을 통해 땅속에서 자연적으로 분해되는 생분해성 Film을 개발하고 이 Film을 활용한 친환경 비닐봉지를 출시하였다. 친환경 비닐봉지는 코로나 사태로 판매가 축소되는 시장 상황에서도 꾸준히 신규 거래처를 끌어들이는 역할을 하여 경영 목표 달성에 핵심적으로 기여할 수 있었다고 한다.[3] 이것이 바로 전략Strategy으로서 ESG 경영을 도입·활용한 사례라고 할 수 있다. 바로 시장·고객의 Needs가 ESG 관점으로 전환되고 있기에, 우리 기업들도 이것을 새로운 사업 기회로 포착하여 적극적으로 활용할 필요가 있는 것이다.

세 번째 동인은 '가치Values'이다. 우리 기업이 추구하는 가치와 철학이 ESG 경영이 추구하는 '이해관계자 만족'과 연결되기에, 본연의 경영 활동 과정에서 ESG 경영을 자연스럽게 도입하는 경우이다.

경기도 파주에 있는 기업의 ESG 활동을 지원한 적이 있었다. 이 기업은 지역에 살고 있는 중증 장애인들을 고용하여 그들에게 안정적인 일자리를 제공하고, 필요한 직업 역량 개발을 지원하기 위하여 설립된 '사회적 기업Social Enterprise'이다. 기업의 설립 이유 자체가 사회적 이슈 해결인 착한 기업으로, 이러한 기업은 사실 설립과 운영 자체가 ESG 경영의 실천이라고 할 수 있다. 하지만, 이 기업은 운영 과정에서 취약 계층에 대한 안정적이고 지속적인 일자리 제공을 위한 제품 경쟁력의 중요성을 인지하고, 자체 브랜드의 LED 조명등을 개발하고 중증 장애인들이 조립하여 시장에 판매하는 활동을 진행하고 있다.[3] 비록 규모가 작은 중소기업이지만, 어떤 대기업의 사례보다도 우수한 사례라고 생각한다. 사회적 이슈 해결을 위하여 연말에 한 번 성금(기부금)만을 내거나 임직원들이 몇 시간 봉사 활동만 하는 수준(1단계)이 아니라, 사회적 이슈 해결과 회사의 사업 모델을 접목하는 수준(2단계)을 달성하였고, 사회적 이슈 해결이 지속 가능할 수 있도록 혁신하는 수준(3단계)으로 기업을 경영한다는 점에서 높이 평가하고 싶은 기업이다.

지금 한국 경제를 견인하고 있는 대기업(그룹)들의 창업 이념 중 가장 많은 것이 '사업보국事業報國'이라고 알고 있다. 일제 강점과 한국 전쟁을 겪으면서 피폐해진 한국이라는 나라를 살리는 데 기여하겠다는 명분과 가치·철학을 가지고 설립된 기업들이 우리 주위에 많다는 것이다. 이제 사업보국을 넘어 '사업을 통하여 지속 가능한 대한민국에 기여'하겠다는 한국 기업들의 구체적이고 본격적인 ESG 경영 활동을 기대해 보고 싶다.

사례 LG그룹

"돈을 버는 것이 기업의 속성이라 하지만 물고기가 물을 떠나서는 살 수 없듯,
기업이 몸담고 있는 사회의 복리를 먼저 생각하고
나아가서는 나라의 백년대계百年大計에 보탬이 되는 것이어야 하는 기라.

그러기 위해서는 우리도 기업을 일으킴과 동시에
사회에 도움이 되는 일을 찾아야 한다.
그런 기업만이 영속적으로 대성大成할 수 있는 기라."

_ LG그룹 故구인회 창업회장님

4

ESG 경영의 '영역'

이제 본격적으로 ESG 경영과 관련하여 기업이 무엇을 챙겨야 하는지에 대하여 살펴보도록 하자. 이를 위해서는 세부적으로 ESG 관리 항목을 이해하기에 앞서, ESG 경영의 구조를 이해하고 이를 우리 기업에 적용해 보는 활동이 우선 필요하다고 생각한다. 큰 그림을 먼저 이해해야 한다는 의미이다.

한국 기업에서 ESG가 화두가 되기 이전에 기업 현장에서는 'CSR Corporate Social Responsibility, 기업의 사회적 책임'이란 용어가 통용되었다. CSR과 ESG라는 용어의 의미 차이를 굳이 따지는 논쟁이 심심찮게 있지만, 나는 그것이 중요하지 않다고 생각한다. 단 하나 이 기회를 빌려서, 일부 ESG 전문가들이 CSR을 '사회 공헌 수준의 책임 활동' 내지는 '사회 영역에 국한된 활동'이었다고 정의하는 부분은 맞지 않는다는 얘기를 하고 싶다. 나 자신이 대기업에서 CSR 부서장으로 일하던 2000년대 후반에도 지금의 ESG에서 요구하는 관리 활동을 모두 수행하였다. DJSI_{Dow Jones Sustainability Indices} 평가에도 매년 대응하였고, 공급망 CSR 활동도 2010년부터 자체적으로 진행하였다. 당시 전자산업계의 기업 연합체인 EICC_{Electronics Industry Citizenship Coalition}(현재 RBA_{Responsible Business Alliance}의 전신)의 회원사로서 의무를 다하면서 Value Chain 전체에 걸친 CSR 경쟁력 제고를 추진하였던 것이다. 굳이, 차이를 얘기하자면 지금과 같이 기후변화 이슈에 대한 이해관계자들의 기대나 국제적인 기준이 제시되기 전이라서, 이 부분에 대한 활동은 상대적으로 취약했던 것으로 기억한다. 하지만, 이건 상당히 소모적인 논쟁이라는 생각이다. 본질에 집중하는 것이 중요하기 때문이다.

어느 전문가 모임에서 한 분이 다음과 같이 CSR과 ESG의 차이를 설명하는 것을 들었다. 참으로 공감되는 얘기이다. 예전에는 사람들을 즐겁게 하고 웃음을 주는 직업을 '코미디언'이라고 불렀는데, 이제는 그 직업을 '개그맨'이라고 부른다. 본질은 다른 사람을 즐겁게 해 준다는 것이다. 이렇듯, CSR과 ESG의 용어의 차이를 찾는 노력보다는 '기업 경영 활동 과정에서 비재무 영역의 경쟁력을 높이는 활동'이라는 본질에 집중하는 것이 보다 가치 있는 접근이라고 생각한다.

얘기가 조금 빗나갔지만, CSR의 범위를 논할 때는 'The Pyramid of CSR'이라는 이론이 가장 일반적으로 얘기되는 이론으로 알고 있다. 기업은 경영 활동 과정에서 다음의 네 가지 책임을 져야 하고, 이는 피라미드 형태로 각 단계를 구조화할 수 있다는 이론이다.[4]

The Pyramid of CSR		
4 단계 자선적 책임	기업의 직접적인 경영활동과 별개로 사회의 문제를 적극적으로 해결하려는 기업의 활동과 책임	미래 경쟁력 확보
3 단계 윤리적 책임	법으로 강제되지는 않지만, 윤리적으로 타당한 기업 경영활동을 수행할 책임	이해관계자 지지
2 단계 법적 책임	기업이 속한 사회가 정한 법/규정을 지키는 책임	법적인 제재 회피
1 단계 경제적 책임	제품과 서비스를 가장 효율적인 방법으로 생산하고 이윤을 남겨 주주에게 돌려주는 기업의 가장 기본적인 책임	생존 가능

기업은 일차적으로는 '경제적 책임'을 져야 한다. 제품·서비스의 판매를 통하여 수익을 창출함으로써 기업이 생존해 나가야 한다는 근원적 책임이다. 아무리 시대가 변하고 새로운 경영 이슈가 대두되더라도 이 책임은 절대 양보할 수 없으며, 이에 대해서는 모두가 공감할 것이다.

두 번째 책임은 '법적 책임'이다. 사업을 수행하는 국가에서 성문법으로 정한 기업 경영과 관련된 제반 법규는 무조건 지켜야만 한다. 이를 어길 경우에는 직접적인 제재가 가해지고 기업의 평판에

치명적인 악영향을 미칠 수 있음을 우리는 최근 많은 뉴스를 통하여 지속적으로 확인하고 있다.

세 번째 책임은 '윤리적 책임'이다. 이것은 성문법으로 정해진 것은 아니지만, 우리가 사업을 수행하는 과정에서 사회 통념적으로 기대되는 수준에 맞추는 책임이다. 사실 어느 나라든 법法은 지켜야 할 최소한의 수준을 정해 놓은 것이다. 기업을 둘러싸고 있는 이해관계자들의 기대는 이러한 최소한의 수준을 넘어선다. 이러한 윤리적 기대 수준에 부응하는 역할을 해내는 것은 종국적으로 이해관계자들의 지지를 이끌어낼 수 있는 기반이 될 것이다.

마지막으로 요구되는 책임이 '자선적 책임'이다. 우리가 흔히 사회 공헌 활동으로 이해하는 영역이 이 부분이 될 것이다. 또한, 단순한 기부나 봉사를 넘어서서 적극적으로 환경(E)·사회(S)적 이슈 해결에 기여하는 기업의 활동이 이 영역에 해당한다고 볼 수 있다.

중요한 것은 지금까지 설명한 기업의 사회적 책임의 구조가 피라미드 형태라는 것이다. 피라미드는 밑(하단) 부분이 무너지면 모두 무너지게 된다. 그렇기에, 1단계인 경제적 책임 수행 없이는 기업의 사회적 책임이라 할 수 있는 나머지 책임도 무의미하다는 것으로 해석하면 될 것 같다. 가끔 1년 동안의 기부 금액을 기준으로 사회적 책임이나 ESG 활동을 잘하는 기업을 선정하여 보도하는 언론 기사를 볼 수 있다. 1년 내내 주주를 위한 수익도 제대로 창출하지 못하고, 법을 어기고, 윤리적으로도 많은 잡음을 일으킨 기업이 연말에 불우이웃돕기 성금 왕창 냈다고 해서 과연 사회적 책임을 잘 수행하는 기업이라고 할 수 있을까? 당연히 말이 되지 않는 얘기이다. 앞에서 언급한 파주 사회적 기업의 사례와 같이 지속적인 수익 창출을 통한 안정적인 일자리 제공이 기업의 본질적인 책임이라고 할 수 있다. 모든 기업이 1단계 책임부터 차근차근 점검해 보고, 개선하는 활동을 전개하는 것이 반드시 필요한 이유이다.

기업의 사회적 책임에 대한 피라미드 구조를 90도 회전시켜 보면 아래와 같은 모습이 될 수 있을 것이다.

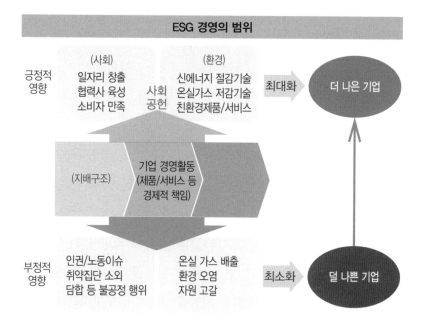

앞 그림의 하단에서 보여주듯이, 지금 내가 다니는 기업이 설립되어 운영되는 과정에서 환경(E)·사회(S)·지배구조(G) 측면에서 부정적인 영향을 미칠 위험성이 생긴다. 임직원들의 인권이 침해되거나, 폐수 방류로 인한 환경 오염을 발생시키거나, 윤리적으로 사회적 문제를 일으키는 것들은 애당초 우리 기업이 없었다면 생기지도 않았을 위험들이다. 기업이 설립되고 운영되기에 야기될 수 있는 문제들인 셈이다. 우리 기업의 이해관계자들은 우리에게 바로 이러한 부정적 영향을 최소화 내지는 없애 달라는 요구를 하고 있는 것이다. 기업 입장에서는 위험Risk 관리 영역이 될 것이다. 이러한 부정적 영향을 법적·윤리적 수준에서 지속적으로 점검하여 문제가 생기지 않도록 관리하는 것이 ESG 경영의 한 영역이며, 이를 통하여 우리는 이해관계자들이 인정하는 『덜 나쁜 기업』이 될 수 있을 것이다.

ESG 경영의 또 하나의 범위는 그림의 상단 부분이다. 앞의 내용과는 반대로 우리 기업이 설립되어 지금의 사업을 수행하고 있기에, 환경(E)·사회(S)·지배구조(G) 측면에서 긍정적인 영향을 미칠 수 있는 가능성을 갖게 된다. 협력사의 경쟁력을 제고해 주고, 환경 문제 해결에 기여하는 신기술을 개발하고, 투명한 지배구조를 통하여 자본 시장의 건전성 제고에 기여하는 등 우리의 경영 활동을 통하여 긍정적 기여를 할 수 있는 셈이다. 이해관계자들은 ESG 경영 관점에서 기업의 이러한 역할도 기대하고 있고 그 역할을 최대화해 주기를 원한다. 이를 통하여 우리 기업은 이해관계자들에게 『더 나은 기업』이라는 평가를 받을 수 있을 것이다.

ESG 경영의 범위는 이 두 가지 영역을 모두 포함한다. 지금 시장에서 적용되고 있는 기업의 ESG 경영에 대한 여러 평가 기준들을 살펴보면, 대체적으로 80% 이상이 하단의 '부정적 영향 최소화'와 관련된 항목들이고, 나머지는 상단의 '긍정적 영향 최대화'와 관련된 항목들임을 알 수 있을 것이다. 그럼, 우리 기업들은 어떤 전략으로 접근해야 할까? 당연히 우선적으로 '부정적 영향 최소화' 영역에서 문제가 생기지 않도록 점검하고 관리하는 활동이 필요하며, 2단계로 '긍정적 영향 최대화'를 위한 혁신 활동을 전개해야 한다. 하지만, 일부 대기업을 제외한 많은 기업이 아직은 1단계 활동도 제대로 하지 못하는 상황으로 판단된다. 물론, ESG 경영을 도입한 지 얼마 되지 않은 초기 단계이고 고객사의 요구 등에 대응하는 것이 당장은 급하고 중요하다는 점은 이해하고 있기에, 너무나도 당연한 현상이라고 생각한다. 하지만, 장기적인 ESG 전략을 수립하는 과정에서조차 2단계(상단)를 반영하는 활동이 이루어지지 않는다면, 그것은 반쪽짜리 ESG 경영이 될 수밖에 없다는 점을 정확히 이해하면 좋겠다.

5

ESG 경영의 '의미'

최근 기업의 ESG 경영 활동이 이슈로 대두된 직접적인 원인이 투자 시장의 투자자들이 기업에 대하여 직접적으로 ESG 활동을 요구하 였기 때문이라는 점은 잘 알려진 사실이다. 그럼, 좋은 기업에 투자 하여 최고의 수익률을 올리는 것이 목적인 투자자들이 기업에게 왜 ESG 활동을 요구하는 것인지를 생각해 봐야 한다. 그것은 바로 자 기가 투자한 기업으로부터 현재 획득되는 수익을 '미래에도 지속적 으로' 창출하고 싶다는 것이다. 그것은 기업 입장에서 보면, 미래의 어느 시점에서도 투자자들에게 매력적이고 가치 있는 기업으로 평 가받을 수 있어야 함을 의미한다. 이를 위하여 기업들이 실행해야 하는 활동이 바로 ESG 경영이라고 정리해 볼 수 있을 것이다.

결국, ESG 경영은 단순히 탄소 배출을 조금 줄이고, 법에서 정한 근로 시간을 준수하는 등의 단기적이고 단발성 관리 활동이 아니라,

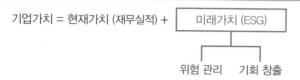

기업의 미래가치를 창출하는 장기적이고 전략적인 경영 활동이라고 정리할 수 있다. 이를 위하여, 기업 경영과 관련된 제반 위험Risk을 효과적으로 예방 관리하고, ESG 관점에서 우리 기업의 미래 사업 기회를 창출하는 경영 활동을 모두 포함할 수 있어야 한다. 전 세계 모든 자동차 제조 기업들이 전기 자동차와 수소 자동차로의 전환에 사운을 걸고 대응하는 것도 유럽을 중심으로 예정된 당장의 규제(파리는 2024년부터 디젤차 운행 금지, 2030년에는 가솔린차 운행 금지, 암스테르담은 2030년부터 내연기관차와 오토바이 스쿠터의 운행 금지 등)에 대응하는 단기적 위험 관리의 의미도 있지만, 장기적으로는 미래의 새로운 사업 포트폴리오를 구축하겠다는 전략적인 사업 기회 창출의 의미를 담고 있는 것이다.

영역	범주	진단 항목
정보 공시	정보 공시 형식	ESG 정보 공시 방식
		ESG 정보 공시 주기
		ESG 정보 공시 범위
	정보 공시 내용	ESG 핵심 이슈 및 KPI
	정보 공시 검증	ESG 정보 공시 검증
환경	환경 경영 목표	환경 경영 목표 수립
		환경 경영 추진 체계
	원부자재	원부자재 사용량
		재생 원부자재 비율
	온실가스	온실가스 배출량 (Scope1 & Scope2)
		온실가스 배출량 (Scope3)
		온실가스 배출량 검증
	에너지	에너지 사용량
		재생에너지 사용 비율
	용수	용수 사용량
		재사용 용수 비율
	폐기물	폐기물 배출량
		폐기물 재활용 비율
	오염 물질	대기 오염 물질 배출량
		수질 오염 물질 배출량
	환경 법/규제 위반	환경 법/규제 위반
	환경 라벨링	친환경 인증 제품 및 서비스 비율
사회	목표	목표 수립 및 공시
	노동	신규 채용 및 고용 유지
		정규직 비율
		자발적 이직률

사회	노동	교육훈련비
		복리후생비
		결사의 자유 보장
	다양성 및 양성평등	여성 구성원 비율
		여성 급여 비율(평균 급여액 대비)
		장애인 고용률
	산업 안전	안전 보건 추진 체계
		산업재해율
	인권	인권 정책 수립
		인권 리스크 평가
	동반 성장	협력사 ESG 경영
		협력사 ESG 지원
		협력사 ESG 협약 사항
	지역사회	전략적 사회 공헌
		구성원 봉사 참여
	정보 보호	정보 보호 시스템 구축
		개인 정보 침해 및 구제
	사회 법/규제 위반	사회 법/규제 위반
지배구조	이사회 구성	이사회 내 ESG 안건 상정
		사외 이사 비율
		대표 이사 이사회 의장 분리
		이사회 성별 다양성
		사외 이사 전문성
	이사회 활동	전체 이사 출석률
		사내 이사 출석률
		이사회 산하 위원회
		이사회 안건 처리

지배구조	주주 권리	주주 총회 소집 공고
		주주 총회 집중일 이외 개최
		집중/전자/서면 투표제
		배당 정책 및 이행
	윤리경영	윤리 규범 위반 사항 공시
	감사기구	내부 감사 부서 설치
		감사기구 전문성
	지배구조 법/규제 위반	지배구조 법/규제 위반

제2장

직원 존중
경영

"제가 생각하는 진정한 승자는 하고 싶은 일을 최선을 다해서
어떤 경지에 이르려고 하는 사람입니다.
그런 사람이 승자고, 그렇게 살면 좋겠습니다."

_ 오영수 배우

현장에서 만난 사람들

기업 대상으로 ESG 경영을 지도하고 컨설팅하면서, 여러 기업의 담당자들을 만나고 있다. 회사의 규모나 특성에 따라 당연히 컨설턴트에게 기대하는 수준이나 내용도 다르고, 일하는 방식도 다르다. 중요하게 보는 것은, 기업의 ESG 담당자로서 ESG 업무에 대하여 본인 스스로 어떻게 의미를 부여하고 어떤 자세로 업무를 추진하는가이다.

경기도 부천의 작은 중소기업을 컨설팅할 때의 사례이다. 영업업무를 담당하는 젊은 직원을 만나면서 컨설팅이 시작되었다. 고객사 대상으로 영업을 하는 과정에서 글로벌 공급망 ESG 평가인 EcoVadis 평가 결과를 제출해 달라는 요구를 받았으나 회사 내에서 마땅히 해당 업무를 추진할 담당자가 없었기에 그냥 그 업무를 떠안은 상태였다. 지원 활동을 시작하는 1차 미팅에서 ESG 활동의 개념과 의미에 대하여 1시간 정도 얘기를 나누고, 구체적인 지원 계획을 수립하였다. 특히, 담당자에게 ESG 평가의 범위가 회사 경영 전체를 포괄하는 범위이기에 회사가 어떻게 돌아가는지에 대해 이해할 수 있다는 장점이 있음을 강조해 주었다. 미팅이 끝나가는 시점에 담당자가 "우리 회사가 규모는 작지만, ESG 활동 기반을 잘 잡아 놓으면 장기적으로 고객사와의 거래에서 도움이 될 것 같다."는 소감을 얘기하는 것을 듣고, 이번 컨설팅의 성공을 직감(?)할 수 있었다.

그 이후 EcoVadis 평가 대응을 위하여 각 부서의 Data 및 자료를 수집하고, 이를 정리하는 작업을 담당자가 주도적으로 진행하는 것을 지켜보면서 필요한 부분에 대한 코칭 활동을 진행하였다. 그리고, 그 과정에서 (변화관리 차원에서 가장 중요하다고 생각하는) 회사의 주요 조직 책임자를 모아서 '왜 EcoVadis 평가에 대응해야 하는지?'에 관해 회사 외부 전문가로서의 의견을 설명해 주었다. 최종적으로 EcoVadis의 평가 결과 이 회사는 Bronze 등급을 획득하는 성과를 창출하였다(EcoVadis는 평가 결과 상위 50%에 드는 기업에게 Bronze 등급을 부여한다). 사실, 고객사에서 요구한 것은 등급 획득까지는 아니고, 평가에 대응하는 활동만을 해 달라는 것이었다.

컨설팅을 마무리하면서 담당자가 얘기한 소감이 아직도 기억에 생생하다. "제가 아직은 근속이 짧은 젊은 직원_{Junior}인데, 이번 평가 대응 활동을 하면서 우리 회사가 어떻게 운영되는지를 이해할 수 있었어요.", "나보다 직급도 높은 관련 부서분들에게 Data를 요청하고 취합하는 과정이 쉽지 않았지만, 오히려 이 활동을 계기로 사내에 많은 네트워크를 만들어서 좋아요."

　컨설턴트 입장에서는 지금 소개한 담당자 같은 Best Partner를 만나는 일이 절대 쉽지 않다. 나뿐만 아니라, ESG 업계에서 활동하는 전문가들과 얘기하다 보면 공통적으로 느끼고 있음을 확인할 수 있다. 기업에서 ESG 업무를 수행하는 담당자들 대부분의 반응은 이런 것 같다.

- 내가 왜 ESG 업무를 해야 하는지 모르겠다.
- 도대체 어떻게 하라는 건지 제시를 안 해 주니 답답하다.
- 우리 관련 부서들도 ESG에 관심이 없으니, 협조를 얻기 어렵다. (안 된다.)
- 윗사람이 원하는 결과물만 맞추어서 내면 된다.

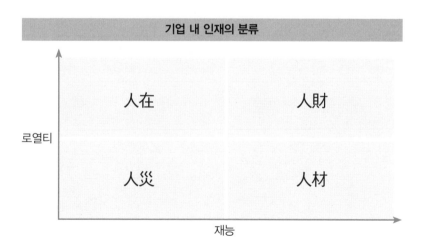

기업 내 인재의 분류

	人在	人財
로열티	人災	人材
		재능

앞에서 제시한 분류 기준을 참고할 때, 이 책을 읽는 독자 여러분은 과연 본인이 어느 면에 위치하는 인재라고 생각하는가? 그리고, 우리 회사에 다니는 직원들은 어느 면에 많이 위치한다고 생각하는가?

2

인사가 만사

우리가 많이 듣고 언급하는 표현 중에 '인사人事가 만사萬事'라는 얘기가 있다. 정치권에서도 많이 사용되기는 하지만, 많은 사람들이 모여서 소기의 성과를 창출해야만 하는 기업 경영에서 그 의미가 훨씬 큰 표현이라고 할 수 있다. 아무리 AI(인공지능)와 로봇이 기업 경영에 활용되는 4차 산업 혁명 시대가 도래하였다지만, 우리 회사에 근무하는 직원들의 역할과 기여는 여전히 기업 성과 창출에 있어 절대적으로 중요한 핵심 요인이라고 할 수 있겠다. 흔히들 기업에 근무하는 직원들을 인체의 '뇌'와 '손발'에 비유하고, 자동차의 '엔진'에 비유하는 이유도 그만큼 직원들의 역할이 중요하기 때문일 것이다.

특히, 최근의 기업 경영에서 직원과 관련된 이슈들이 끊임없이 대두되고 있음을 현장에서 확인할 수 있다. MZ 세대, 직원 경험, 조용한 퇴사, 성과주의, 워라밸(일·생활 균형) 등 너무나도 많은 이슈들이 나오고 있고, 기업별로 직원들의 만족도와 생산성을 높이기 위한 다양한 시도를 그 어느 때보다도 열심히 하고 있는 상황이다.

그럼, 과연 직원은 기업 경영에서 어떤 의미를 가지고 있고, 기업은 어떻게 직원들을 통하여 소기의 성과를 창출할 수 있을까? 내가 근무했던 LG그룹에서는 경영 이념의 하나로 '인간 존중의 경영'을 추구하면서, 다음과 같은 구성 요소를 제시하고 있다.[1]

LG그룹의 '인간 존중의 경영'

인간존중의 경영

창의·자율
고정관념에서 탈피하여 새로운 생각과 시도를 추구한다.
자기 책임과 권한에 따라 주인의식을 가지고 일한다.

인간중시
개개인의 인격과 다양성을 존중한다.
고객가치 창출의 원천인 구성원을 가장 중요한 자산으로 여긴다.

능력개발 및 발휘 극대화
스스로 세계 최고가 되겠다는 신념으로 일하고 능력을 개발한다.
개개인의 잠재력이 최대한 발휘될 수 있도록 기회를 제공한다.

성과주의
도전적인 목표를 세우고 지속적인 성과 창출에 노력한다.
능력과 장단기 성과에 따라 공정하게 평가하고 보상한다.

기업의 목적인 '고객을 위한 가치 창조'를 위해서는 직원들의 '창의와 자율'이 반드시 필요하며, 창의적인 생각과 시도를 한다는 것은 자기 책임과 권한에 따라 '주인의식'을 가지고 일하는 것을 의미한다. 개개인의 인격과 다양성을 존중받는 등 인간으로서 귀하게 대우받으면서, 능력을 최대로 개발하고 발휘할 수 있도록 성과주의에 따른 공정한 평가와 보상이 뒷받침되는 등의 회사 제도와 지원도 결국은 창의와 자율을 가능케 하는 '주인의식'의 강화를 위한 수단이라고 생각한다.

앞에서 소개한 ESG 담당자의 사례와 연결해 보면, 결국 ESG 담당자로서 탁월한 성과를 창출하기 위해서도 부여된 업무에 대한 '주인의식'이 핵심적으로 필요함을 확인할 수 있다. 그리고, 이러한 주인의식을 가능케 하는 핵심적인 요소는 담당자 스스로 「ESG 업무가 나에게 어떤 의미가 있는가?」를 명확히 느끼는 것이었다. (회사 업무 전반을 이해할 수 있는 기회라는 의미 부여) 그리고, 이는 분명 기업의 ESG 담당자에게만 해당되는 얘기는 아닐 것이다. 인재를 통한 생산성 향상 및 기업 목표 달성을 추구하는 기업 입장에서는 우리 임직원들의 지금 하고 있는 일에 대한 '주인의식'을 어떻게 높일 수 있을 것인가를 고민하고 실행하는 혁신이 반드시 필요한 것이다.

주인의식

주인의식主人意識의 의미를 인터넷에서 찾아보면 '일이나 단체 따위에 대하여 주체로서 책임감을 가지고 이끌어 가야 한다는 의식'으로 설명하고 있다. 이러한 주인의식을 높일 수 있도록, 우리 회사에 근무하는 직원들을 어떤 관점으로 어떻게 지원해 나갈 것인가를 탐색하기 위하여 몇 가지의 사례와 이론을 살펴보겠다. 사실, 자연과학과 달리 이러한 이슈에 대한 정확하고 유일한 정답은 없는 것이기에, 기업별 상황과 입장에 따라 나름의 해결 방안을 찾을 수밖에 없다고 생각한다.

2020년 이후 코로나 사태가 심각해지면서 우리 기업 현장에서의 가장 큰 변화는 '재택근무의 확산'인 것 같다. 그동안 직장의 유연성 제고 및 업무 생산성 향상 등을 위하여 그 필요성이 대두되었지만, 한국 기업에서 본격적인 도입이 쉽지 않았던 재택근무가 코로나라는 전 세계적인 감염병 사태로 인하여 활성화된 것이다. 직원들의 '주인의식'을 주제로, 재택근무에서 우리 직원들의 느낌과 생각이 어떻게 바뀌는지를 살펴보고자 한다.

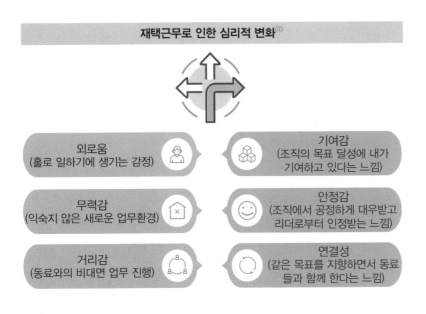

사무실(현장)에서 동료들과 모여서 일을 하는 기존의 모습에서 각자의 집이나 원격 사무실에서 근무하는 형식으로 바뀌는 것은 회사도 마찬가지이지만, 특히 우리 직원들에게는 큰 변화라고 할 수 있다. 더욱이, 우리나라 사람들이 가지는 집단주의 특성 및 조직에 대한 의미 부여(소속감) 등을 감안할 때 분명히 해외 기업의 경우와는 많은 차이가 있다고 할 수 있겠다.

재택근무로 인하여 직원들이 느낄 수 있는 가장 우선적인 감정은 '외로움'이 될 것이다. 사무실에서 같이 모여 일하면서 때로는 직접적인 갈등 상황을 겪기도 하지만 그래도 누군가와 같이 한다는 느낌을 가질 수 있었는데, 재택근무를 하면서 그것을 못 느끼게 되는 것이다. 이러한 느낌을 '기여감'으로 바꾸어 주어야 한다. 비록 혼자 집에서 일을 하고 있지만 개인이 속한 조직(회사)에 기여하고 있다는 느낌을 가질 수 있도록 회사와 리더가 지원해야 한다.

두 번째는 '무력감'이 생길 수 있다. 개인별 차이는 있겠지만 재택근무 환경은 기존의 사무실과는 많이 다를 것이다. 그리고, 업무 수행 과정에서 IT 기술을 활용(비대면 원격 회의 등)해야 하는 경우도 더욱 많아진다. 이러한 낯선 환경과 익숙하지 않은 업무 도구 활용 과정에서 생길 수 있는 감정을 '안정감'으로 바꾸어 주는 노력을 해야 한다. 기본적으로는 재택근무를 원활히 수행할 수 있는 환경을 제공해 주는 노력이 필요하다. 기업 현장에서 재택근무 도입 초기에 나오는 얘기 중에 "프린터와 종이가 없는데, 회사가 왜 지원해 주지 않느냐?"는 것들도 있었다. 이런 부분에 대한 기본적인 지원은 물론 직원들의 어려움과 불편을 알아주고, 힘든 상황에서 직원이 창출하는 성과에 대하여 각별하게 인정해 주는 조직의 풍토가 필요하다.

마지막으로는 리더 및 동료들과의 물리적 거리감을 좁혀 주는 노력이 필요하다. 많은 기업이 도입하듯이 '랜선 회식' 등을 통하여 기본적인 수준만큼은 동료들과의 연결성을 제고해 주는 노력이 필요한 것이다. (하지만, 자칫 직원들 입장에서 '감시'로 느껴지는 활동이 되어서는 안 된다.)

이렇듯, 재택근무 과정에서 회사가 기대하는 성과를 직원들이 창출하기 위해서는 기여감·안정감·연결성 등의 심리적 상황을 효과적으로 조성해 주어야 한다. 이러한 심리적 토대가 있어야 주어진 업무에 대하여 주체적으로 책임감을 가지고 수행하는 '주인의식'이 가능하지 않을까?

어느 책에서 기업 경영의 변화를 운동 경기에 비유하여 설명하는 내용을 읽었다. 참으로 마음에 와닿는 내용이라서 그 메시지도 공유하면서 우리 직원들의 주인의식을 다시 한번 생각해 보고자 한다.[3]

• 조타수만 목표 지점을 바라보고, 다른 사람은 등지고 있다.

• 선수는 열심히 노만 저으면 된다. (대화 불필요)

• 모든 선수가 결승점이 있는 전방을 향한다.

• 서로가 긴밀히 대화하면서 상황 변화에 대응해야 한다.

• (단체전의 경우) 각자 플레이하되, 조화를 만들어 내야 한다.

• 최고의 개개인이 누구와도 연결되어 창의적 결과를 만들어 낸다.

우리 직원들이 일하는 조직의 모습은 세 가지 중 어디에 해당하는지, 과연 어느 장면에서 직원들의 주인의식이 발휘될 수 있을지를 생각해 보면 좋겠다.

물 위에서 하는 경기 중에 '조정_{Rowing}' 경기가 있다. 잔잔한 호수 위에서 직선 구간을 가장 빠르게 이동하면 되는 경기이다. 이 경기의 모습은 조타수(1명)만 목표 지점을 바라보고, 다른 사람은 모두 등지고 있다. 그렇기에, 선수는 조타수의 방향 지시를 확인하면서 열심히 노만 저으면 된다. 그 과정에서 앞뒤의 선수들과 호흡을 맞추는 위한 구호 등의 제한적인 커뮤니케이션 이외에는 크게 대화할 필요도 없다.

두 번째 수상 경기 종목으로 '래프팅_{Rafting}'이 있다. 거친 계곡의 물살을 헤치면서 빠르고 안전하게 내려와야 하는 종목이다. 경기 장면을 보면, 맨 뒷자리에서 리더 역할을 하는 사람을 포함하여 모든 선수가 결승점이 있는 전방을 향하고 있다. 개인별 역할은 다르지만 (방향키를 잡고 있는 리더, 빠르게 배가 나가도록 젓는 선수, 균형을 잡기 위하여 노를 이용하여 물살을 제어하는 선수 등) 안전하고 빠르게 내려간다는 목표를 달성하기 위하여 서로가 긴밀히 대화하면서 거센 물살의 변화에 대응해야만 한다.

세 번째 종목은 '서핑_{Surfing}'이다. 험한 파도가 치는 바다에서 진행되는 경기로 우리는 개인전 경기가 친숙하지만, 단체전을 하는 경우에는 선수 각자가 약속된 플레이를 하되, 팀 전체적으로 조화를 만들어 내야만 한다. 또한, 다른 경기와 달리 이 경기는 빠른 속도와 결승점 도착이라는 목표 외에 파도와 잘 어울리는 창의적이고 예술적인 결과까지 요구하고 있다. 그렇기에, 파도의 변화 등에 따라서 선수 개개인들의 창의적인 경기력도 중요해지고, 결국 최고의 개개인이 팀원들과 연결되어 창의적 결과를 만들어 내는 것이 중요해지게 된다.

이상의 세 가지 경기를 살펴보면서, 우리 기업은 어느 상황에 해당되는지, 우리는 직원들에게 어떤 성과(빠른 속도, 안전한 이동, 창의적이고 예술적인 성과 등)를 요구하는지, 조직이 어떤 모습일 때 직원들이 가장 만족하고 주인의식을 자발적으로 발휘할 수 있겠는지, 그리고 그 경우에 회사는 어떤 것을 해 주어야 하고, 직원들에게 요구되는 역량과 태도는 무엇인지 등을 생각해 볼 필요가 있겠다.

네덜란드에는 건강 관리 비영리 조직인 '뷔르트조르흐Buurtzorg'가 있다. 네덜란드어로 '지역사회의 보살핌'이란 의미로, 2006년에 10명의 직원으로 설립되어 지금은 7,000여 명의 직원들이 근무하고 있다. 조직 관리 컨설턴트인 프레데릭 라루Frederic Laloux가 기업 조직의 미래 방향성을 제시한 《조직의 재창조》라는 책에서 소개한 이 회사의 운영 방식은 참으로 이채롭다.[4]

우선, 뷔르트조르흐와 유사한 서비스를 제공하는 기존 조직의 일하는 방식은 이렇다.

- 간호사들의 업무가 신규 환자 접수, 간호 업무, 감독 업무 등으로 전문화·분권화되어 있다.
- 간호사들의 일상적인 업무 시간이 규정되어 있고, 철저하게 관리된다. 정맥 주사 시간 10분, 환자 목욕 5분, 붕대 처치 10분, 압박 붕대 교체 2.5분 등이다.
- 환자 가정을 방문하는 최적의 동선을 설계하고 간호사들이 이를 기준으로 움직인다. 이를 위하여 환자 가정에 바코드 스티커를 부착하고, 간호사가 방문 시 바코드를 스캔하면 중앙 시스템을 통하여 각 간호사들의 방문 및 이동 시간이 원격으로 확인되고 분석된다.
- 간호를 원하는 환자가 전화하면, 전화만 전담으로 받는 콜센터 직원이 이를 접수하여 간호사에게 전달하는 방식으로 간호 업무가 연결된다.

그렇기에, 간호 서비스를 받는 환자의 입장에서는 매번 바뀌는 간호사에게 자신의 상황을 다시 설명해야 하는 불편과 스트레스가 발생하게 된다. 또한 방문 이동 및 간호 시간이 철저하게 관리되다 보니, 간호사 입장에서는 기계적인 간호를 할 수밖에 없게 된다. 환자의 얘기를 차분히 들어줄 시간도 없다. 그 결과 인간적 유대감은 없어지고, 치료의 품질은 엉성해지고, 치료의 연속성도 존재하지 않는 간호 서비스만이 양산되는 상황이 되는 것이다. (간호사라는 직업을 선택한 직원들이 이러한 서비스 결과에 만족할 수 있을까?)

이에 비하여, 뷔르트조르흐의 일하는 방식은 완전히 다르다. 몇 가지의 핵심적인 모습만 살펴보자.

- 한 환자를 1~2명의 간호사가 전담으로 간호한다. 그렇기에, 환자들의 얘기를 들어주고, 정서적·관계적·영적인 욕구들도 서로 충족할 수 있다.
- 10~13명의 간호사들이 1개 팀으로 활동하면서 팀별로 50여 명의 환자를 전담하는 조직 구조이다. 간호사가 12명이 넘으면 팀을 추가로 구분한다.
- 팀 운영(간호 서비스)은 간호사들의 완전 자율이다. 간호하는 환자의 수를 자율적으로 결정하고, 치료하는 방식에 대해서도 책임을 진다. 또한, 신규 간호사 채용, 업무 계획 및 휴가 계획 수립, 행정 관리 업무, 사무실 임차 및 인테리어도 스스로 수행한다. (모든 팀은 수입의 3%를 팀 훈련에 사용할 수 있는 권리 보유)
- 7,000명의 간호사를 지원하는 본사 Staff는 30명에 불과하다. Staff들이 부과하는 규칙과 절차가 없다.
- 팀 안에는 공식적인 리더가 없고, 집단 의사결정 방식으로 운

영된다.

- 리더가 없는 대신, 지역의 코치들을 통하여 팀을 지원한다 (코치 1명이 40~50개 팀 지원). 코치는 팀에 대한 의사결정 권도 없고, 책임도 지지 않으면서 팀의 요청에 따른 조언을 제공하고 문제 해결을 위하여 필요한 경우 다른 팀과의 연결만을 지원한다.

- 상사와 부하 간에 위계는 없으나, 모두가 '평등'하지도 않다. 주제와 전문성에 따라서 자연스럽게 더 큰 기여를 하고, 더 많은 발언권을 획득한 사람이 인정·영향력·스킬 등과 같은 자연스럽고 자발적인 유연한 위계들을 획득하고 발휘한다.

- 회의의 주관자도 정해진 사람이 없으며, 이슈에 따라 퍼실리테이터를 선정하고 퍼실리테이터는 참가자들에게 "당신이 제안하는 게 무엇인가요?", "그렇게 제안하는 이유는 무엇인가요?"와 같은 질문을 통하여 필요한 결정을 끌어낸다. 회의가 교착 상태에 빠질 경우 인근의 외부 코치들이나 다른 팀들에게 도움을 요청하여 해결한다.

- 매월 소속 팀의 생산성과 다른 팀의 생산성을 비교할 수 있도록 한다. 이 경우에도, 다른 팀의 자료를 익명으로 처리하거나 평균으로 표시하지 않는다. 상황이 나쁜 팀들도 그 상황을 자기 것으로 받아들이고, 그에 대한 해결안을 찾을 것이라는 신뢰의 문화가 있기에 가능한 것이다.

- 매월 전사적으로 250명의 간호사가 입사하고 25명이 이직한다. 회사의 자기경영自己經營 방식이 적합하지 않다고 느끼는 직원들은 자유롭게 떠난다.

이러한 조직 운영을 통하여 뷔르트조르흐가 창출하는 성과는 크게 두 가지 관점으로 정리할 수 있다.

먼저, 차별화된 『고객(환자) 경험 창출』이다. 환자에 대한 '보살핌의 품질'이 획기적으로 향상된 것이다. 물론 기업 입장에서는 보살핌의 품질을 향상하고자 환자의 얘기를 충분히 들어주는 것이 간호 시간의 연장으로 이어질 수 있음을 우려할 것이다. 하지만, 환자에 대한 존중 및 동기부여를 통하여 치료 시간이 다른 간호 조직에 비하여 평균 40% 단축되었다. 간호사와의 충분한 교감과 교류를 통하여 환자 완치 기간이 타 조직 대비 50% 단축되었고, 병원 입원 기간도 30% 단축되었다. 이를 통하여 사회 전체적으로는 재가在家 치료에 따른 사회 보장비를 절감하는 성과를 창출하고 있다.

두 번째는 직원(간호사) 입장에서의 효과이다. 한 마디로 얘기하면, 간호사들의 『사명감과 자존감을 향상』시켰다는 것이다. 간호사라는 직업을 선택할 때 생각했던 환자를 잘 돌보겠다는 사명감을 충분히 실현할 수 있고, 조직 생활 과정에서 스스로 결정하고 책임지는 활동을 통하여 만족감을 제고하고, 완전한 간호사로서의 역량을 개발한다는 성취감 등을 느끼도록 만들었다는 것이다. 사명감 실현·만족감·성취감 등이 우리 직원들의 모습을 어떻게 바꾸어 놓을 수 있을까? 나는 한 마디로 '주인의식의 발휘'라고 생각한다.

《조직의 재창조》의 저자인 프레데릭 라루_{Frederic Laloux}는 이러한 기업 사례들을 소개하면서, 기업 조직의 미래 모습으로 '청록색 조직'을 제시하고 있다. 기존 조직과 대비되는 모습을 정리하면 다음의 표와 같다. 우리 회사가 소기의 목표를 달성하려면 어떤 조직의 모습일 때 더 효과적일까 하는 관점에서, 그리고 우리 직원들 입장에

오렌지 조직 Vs 청록색 조직		
	오렌지 조직 ➡	청록색 조직
조직 구조	• 위계적 파라미드	• 자기조직화 팀 • 필요시 코치들이 몇 개의 팀을 담당(지원)
Staff 의 기능	• HR, IT,구매, 재무, 통제, 품질, 안전, 위기관리 등과 같은 Staff의 과다	• 좌측의 대부분 기능을 팀 스스로 수행 (자발적 타스크 팀들이 수행) • 소수의 Staff인원으로 자문역할 수행
조정 기능	• 계층별 회의 등을 통하여 조정 (과다한 회의)	• 별도의 정규 회의 없음 • 조정과 미팅은 필요할 때마다 수시로 진행
프로젝트	• 복잡성을 통제하고 자원의 우선권을 정하기 위한 기계적인 업무 (프로젝트 매니저, 간트 차트, 계획, 예산 등)	• 직원 스스로 프로젝트에 참여 • 최소 한도의 계획과 예산
직무 관리	• 모든 직무에는 직무 타이틀이 있고, 직무기술서 중심으로 업무 수행	• 고정된 직무기술서 대신 유연하고 세부화된 역할 • 직무 타이틀이 없음
의사 결정	• 피라미드 구조에 따른 결정 • 결정된 사항이 최상위자에 의하여 변경	• 자문 과정에 기반하여 완전히 분권화

서 어떤 조직에서 일하는 것이 더욱 만족스럽고 신나게 일할 수 있을까 하는 관점에서 꼼꼼하게 살펴볼 필요가 있다.

앞에서 나는 회사의 경영 목표를 달성하면서 직원 존중을 실현할 수 있는 핵심적인 지향점은 '주인의식'이며, 이를 위한 전제 조건으로 '업무의 의미'를 직원들이 명확하게 느끼는 것이 중요하다고 제안했었다. 갑자기 지시 받은 ESG 업무이지만 이 업무를 통하여 회사 내 각 부서가 하는 일들을 정확하게 이해할 수 있는 기회가 되겠다는 의미를 발견하고, 익숙하지 않은 환경에서 외롭게 재택근무를 하고 있지만 내가 하는 일이 회사에 기여하고 상사에게 인정받는다는 의미를 확인하고, 서핑Surfing 경기를 하면서 동료들과의 협력 및 나의 창의적이고 주도적인 파도 타기가 짜릿한 경기 결과를 만들어낸다는 의미를 발견하고, 자율과 책임 기반의 자기경영 조직에서 일하는 것이 간호사로서 내가 선서한 환자에 대한 숭고한 봉사 정신을 발휘할 수 있는 기반이 된다는 의미를 발견할 때, 우리 직원들의 몰입과 성과 창출이 가능해지는 것이다. 결국, 내가 『지금 하고 있는 이 일(업무, 활동)이 나에게 어떤 의미가 있는가?』를 직원들이 느끼도록 만들어 주는 것이 직원 존중 경영의 핵심이라고 할 수 있다. ('지금 하고 있는 이 일'은 지금 다니고 있는 '직장'의 의미가 아니다.)

제3장

××

SPSC
문화

××

달을 조금 더 잘 보기 위하여
망원경의 성능을 높이는 것이 아니라,
아예 달에 갈 수 있는 탐사선 MoonShot 을 제작하는 것

_ MoonShot Thinking

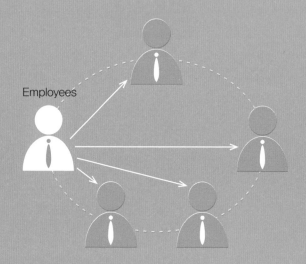

ESG 경영의 성공 요인

기업 이해관계자들이 기대하는 환경(E)·사회(S)·지배구조(G) 영역에서의 효과적인 관리를 통한 성과 창출을 도모하는 활동은 또 하나의 엄청난 혁신 활동이라고 할 수 있다. 혁신_{Innovation}이란 '묵은 풍속, 관습, 조직, 방법 따위를 완전히 바꾸어서 새롭게 하는 활동'으로 정의되고 있으며, '잘못된 것이나 부족한 것, 나쁜 것 따위를 고쳐 더 좋게 만드는 활동'인 개선_{Improvement} 활동과는 그 범위나 깊이에서 차이를 보이는 활동으로 이해하면 되겠다. ESG 경영 역시 예전에 우리 한국 기업들이 전사적으로 도입하여 추진했던 고객 만족 경영, 6시그마 경영, 품질 경영 수준의 혁신 활동으로 자리매김되어야 하며, 그에 걸맞은 전사 차원의 변화관리_{Change Management} 활동이 반드시 수반되어야만 성공할 수 있는 것이지, ESG 책임자(담당자) 1~2명 내지 ESG 부서 혼자 열심히 활동한다고 해서 소기의 성과를 창출할 수는 없는 활동이다.

지난 1~2년 사이에 우리는 언론을 통하여 수많은 한국 기업들이 'ESG 위원회'를 설치했다는 기사를 보았다. 이해관계자들의 기업 ESG 활동에 대한 기대 사항 중에서 아주 중요하고 필요한 활동임에는 분명하지만, 내가 생각하는 문제는 위원회만 설치하고 끝인 기업이 일부 있다는 것이다. 기업이 조직 문화 변화 활동을 추진하는 과정에서 초기 단계에 가장 많이 하는 활동이 포스터 붙이기이다. 회의 문화를 바꾸자는 것이나 리더들이 해야 하는 행동과 하지 말아야 하는 행동은 어떤 것인지를 시각적으로 아주 멋지게 디자인해서 모든 사무실과 현장에 부착하는 활동을 한다. 그런데, 여기에서의 문제도 포스터 부착 후에 실제적인 변화 활동은 수반되지 않는다는 것이다. 그렇기에, 최종적으로 임직원들은 회사가 추진하는 조직 문화 혁신 활동을 불신하게 되고 회사가 목표로 하는 실체 변화_{Real Change}는 일어나지 않게 되는 것이다. 지금 일부 기업의 ESG 경영이 바로 이런 모습을 닮아가고 있지는 않은지 염려스럽다. ESG 위원회를 설치하고, 1~2년 단위로 그럴싸한 디자인의 지속가능경영(ESG) 보고서를 발간하고, 사회 공헌 활동 프로그램을 몇 개 운용하고… 물론, 나는 기업들의 이러한 ESG 경영 노력을 비판할 의도는 전혀 없다. 다만 이렇게 보여주기식의 활동만 추진하고 기업의 미래 경쟁력 확보를 위한 실체 변화로 연결되지 않는 점을 염려하고 경계하자는 것이다.

그럼, 이러한 ESG 혁신 활동을 효과적으로 실행하기 위해서는

어떤 요인들이 필요할까? 몇 가지 참고 이론을 살펴보도록 하겠다.[(1)]

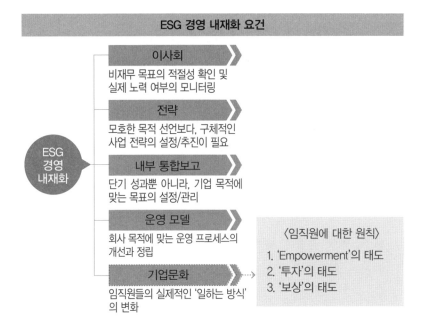

런던 비즈니스스쿨의 재무학 교수인 알렉스 에드먼스Alex Edmans는 ESG 경영이 기업의 경쟁력으로 자리 잡기 위해서는 다섯 가지 요소가 필요하다고 한다.

첫째, 이사회의 역할이다. 기업의 최고 의사결정기구인 이사회가 기업의 목적을 중심으로 ESG 경영에 대한 의사결정을 해야 한다. 기업 인수 합병 거래, 자본 지출 제안 등의 재무적 의사결정 사항들도 기업의 목적(ESG)에 부합하는지를 검증하고 승인하여야 한다는 것이다. 그러면서, 이사회의 부차적인 활동이 아니라, 이사회 전체의 공식적인 의무가 되어야 한다고 강조한다. 많은 한국 기업들이 최근에 이사회 내에 ESG 위원회를 설치·운영하는 것은 바람직한 현상이나, 보다 이사회 본연의 역할로 자리 잡을 수 있도록 지속적인 변화관리가 필요하다고 할 수 있다.

둘째, 전략이다. 기업이 ESG의 목표를 제시할 때 모든 것을 하겠다는 모호한 목표가 아닌, 사업 전략과 연계한 구체적인 것이어야 한다. 우리가 잘 알고 있는 아웃도어 의류 회사인 파타고니아_{Patagonia}의 사례가 대표적이라 할 수 있겠다.

셋째, 내부 통합 보고이다. ESG 경영의 공시 이슈와 관련하여 재무적 성과와 비재무적 성과의 통합 보고가 최종 지향점이라고 이해관계자들이 얘기한다. 마찬가지로 기업 내부의 보고 체계에서 재무적 성과(활동)와 비재무적 성과(활동)를 통합적으로 관리·보고하고, 최종적으로는 평가에 연결하는 것이 중요하다. 임원과 모든 조직 그리고 모든 직원들에게 해당되는 사항이다.

넷째, 운영 모델이다. 회사가 추구하는 ESG 경영 목표 달성을 위해서는 매일의 회사 운영 과정에서 그것들이 반영되고 실천될 수 있도록 회사의 운영 체계에 반영되어야 한다는 것이다.

마지막으로, 기업 문화이다. 기업 문화는 한 마디로 '일하는 방식'이다. 우리 직원들이 매일 매일 일하는 과정이 ESG 목표를 달성하는 활동이 되어야 한다는 것이다. 이러한 기업 문화를 만들기 위해서는 핵심적으로 임직원에 대한 회사의 원칙이 중요하다고 저자는 강조한다. 한 마디로 직원들을 믿고 충분한 권한을 부여하고 자발적 참여를 유도할 수 있어야 한다. 그리고 투자 개념으로 직원들에 대한 장기적 관점의 지원이 있어야 하고, 내재적 보상이 가능한 제도들도 필요한 것이다.

또 하나 참고로 살펴볼 자료는 사회 가치 경영Social Value Management의 성공적 실행 요건을 제시하고 있는 자료이다.[2]

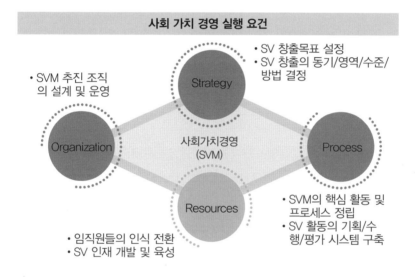

사회 가치 경영 실행 요건

• SVM 추진 조직의 설계 및 운영

• SV 창출목표 설정
• SV 창출의 동기/영역/수준/방법 결정

Strategy

Organization

사회가치경영 (SVM)

Process

Resources

• SVM의 핵심 활동 및 프로세스 정립
• SV 활동의 기획/수행/평가 시스템 구축

• 임직원들의 인식 전환
• SV 인재 개발 및 육성

'조직이 사업 기회 인식과 동원 가능한 자원의 활용을 통해 경제적 가치와 사회적 가치를 동시에 창출하는 과정'으로 정의되는 사회가치 경영을 효과적으로 실행하기 위해서는 네 가지 요소가 필요하다고 한다.

첫째, 전략이다. 기업 경영에서 전략은 '선택과 집중'이라고 할 수 있다. 우리가 어떤 제품과 서비스를 개발할 것인지를 선택하고, 어느 시장을 목표로 할 것인지 결정하고, 어떤 방식으로 고객에게 가치를 전달할 것인지를 선택하는 모든 것이 전략적 경영 활동이다. 이와 마찬가지로 우리 기업이 사회 가치 경영을 추구한다면 어떤 목표와 방법으로 실현할 것인지를 구체적으로 계획하고 실천할 수 있어야 한다.

둘째, 조직이다. 기업은 사람이 조직을 만들어서 성과를 창출하는 집단이다. 사회 가치 경영을 실현하기 위해서는 책임과 권한을 가진 구체적인 조직이 반드시 필요한 것이다. 여기에는 기존 조직에게 사회 가치 경영과 관련된 권한과 책임을 추가로 부여하는 방안도 포함된다.

셋째, 프로세스이다. 활동을 추진하는 과정에서 필요한 제도와 시스템 등이 제공되어야 한다. 특히, 사회 가치 경영 활동이 조직이나 개인의 평가에 정확하게 반영되는 평가 프로세스의 구축이 가장 중요하다고 할 수 있다.

마지막으로 사람이다. 이 책에서는 사회 가치 경영을 '이해관계자 관계 경영'이라고 정의하면서, 이해관계자 가치 창출의 기반은 '임직원 가치'라고 제시하고 있다. 우리 임직원들이 일상의 업무 환경에서 안정적이고 합리적인 노동 환경을 제공받으면서, 이해관계자 가치 창출 활동에 전념할 수 있어야 한다는 것이다.

직원의 의미

두 가지의 참고 자료에서 공통적으로 제시하는 ESG 경영의 성공 요
인은 바로 '사람(직원)'이다. 우리 회사에 근무하는 직원들이 ESG 경
영이 제시하는 존중과 배려를 충분히 받으면서 ESG 활동 실천의 주
역이 되어야만 회사의 ESG 경영 목표를 달성할 수 있다는 것이다.
이는 우리가 지금 얘기하는 ESG 경영의 본질을 살펴보더라도 명확
해진다.

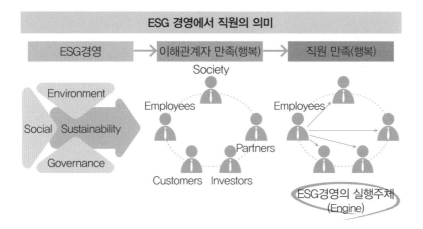

ESG 경영은 환경(E)·사회(S)·지배구조(G) 영역에서의 관리 및 실행을 통하여 기업의 지속가능성Sustainability을 제고하자는 혁신 활동이다. 결국은 우리 기업에 투자한 투자자뿐 아니라, 우리 기업을 둘러싸고 있는 다양한 이해관계자들(지역사회·협력사·고객사·투자자·고객·직원 등) 모두가 만족할 수 있는 경영을 하자는 것이다. 우리가 만족시켜야 하는 다양한 이해관계자 중에는 우리의 직원들이 분명히 포함되어 있다.

더 나아가 다양한 이해관계자들의 기대를 충족시키는 과정에서 우선적으로 기업이 챙겨야 할 집단은 누구일까? 그리고, 이해관계자들을 만족시키기 위한 우리의 ESG 경영을 실행할 사람은 누구인가? 그것은 바로 '직원들'인 것이다. 우리 직원들이 원하는 것을 우선적으로 만족시키고, 그 만족감과 주인의식을 기반으로 회사가 목표로 하는 ESG 경영을 주도적으로 실천하도록 만드는 것, 그것이 바로 효과적인 ESG 경영 실천의 핵심이라고 생각한다.

이러한 선순환 구조상에서 직원의 의미를 이해하는 것도 중요하지만, 우선적으로 우리는 ESG 경영 관점에서 '직원 행동주의'를 기억해야 한다. 2018년 11월 구글Google의 직원들이 전 세계 50여 개 도시에서 거리로 뛰쳐나왔다. 성추행 사건에 연루된 구글 고위 임원이 고액의 퇴직금을 수령한 것과 회사의 사건 은폐·축소 의혹에 항의하기 위한 시위였다.[3]

이것이 바로 직원 행동주의이다. 직원들이 회사 내부의 문제들 (윤리적, 환경적 문제)을 외부에 적극적으로 알리면서 잘못된 점을 고쳐달라고 요구하는 행위. 특히, 자신의 의견을 솔직하게 얘기하는 MZ 세대의 특성[*]을 감안할 때, 직원 행동주의는 빠른 시간 내에 우리 기업의 일반적인 현상으로 자리 잡을 가능성이 높다고 보여진다. 아직까지는 직원들이 임금과 복리후생 이슈 중심으로 목소리를 내고 있지만, 조만간 ESG 경영에서 강조하는 환경적·윤리적·사회적 이슈들에 대해서도 노조 등을 통하여 목소리를 낼 수 있을 것이고, 이는 기업에 대한 직접적인 위험Risk으로 대두될 것이다.

'이해관계자 행동주의'에서 비롯된 활동이 ESG 경영이라는 점에서 '직원 행동주의'는 직접적으로 연결되어 있다. 직원 행동주의에 우선적으로 철저히 대응하는 활동, 그것이 바로 ESG 경영의 실천이라는 점도 한 번 더 강조하고 싶다.

....

* MZ 세대들이 개인의 취향과 사회적 신념에 대해 솔직하고 거침없이 표현하고 행동하는 경향을 '미닝 아웃Meaning Out'이라고 한다.

기업과 직원의 Win-win

기업 마케팅에서 사용하는 용어 중에 고객 가치 제안^{CVP, Customer Value Proposition}이라는 것이 있다. 고객이 우리의 제품이나 서비스를 이용함으로써 얻는 이익을 의미하는 용어이다. 쉽게 얘기하면 우리 제품과 서비스는 고객에게 구체적으로 어떤 이익을 제공할 수 있을지를 개발 단계부터 명확하게 정의하고 고객에게 알림으로써 구매를 이끌어내는 요소라고 할 수 있다. 이런 관점으로 기업 HR에서는 '직원 가치 제안^{EVP, Employee Value Proposition}'이라는 용어를 사용한다. 기업이 외부 인재를 유치하기 위해 차별적으로 제공하는 가치와 이를 효과적으로 전달하는 일련의 활동들을 의미하는 용어로서, 우리 회사가 직원들에게 어떤 가치(만족)를 제공할 수 있는가를 명확하게 정의하는 것이다.

우리는 앞에서 ESG 경영의 효과적인 실행을 위한 핵심은 직원들의 만족도를 제고하여 그들이 ESG 경영을 주도적으로 실천하는 문화가 필요함을 이해하였다. 그럼, 직원들에게 어떤 EVP를 제시하여 동기부여를 할 것인가에 대한 이슈가 남는다. 예전같이 회사가 결정하고 지시하면 직원들이 무조건 실행하고 따르던 시대는 분명 아니다. 이제는 Push 방식으로는 절대 직원들의 자발적 참여를 이끌어낼 수 없다는 것이다. 어떤 가치를 제시하여 그들을 끌어당길 것인가 (Pull)에 대한 깊은 고민이 필요한 이유이다. 제2장 직원 존중 경영에서 살펴보았듯이, '업무에 대한 주인의식'을 제고하는 목표도 중요하게 기억하면서, 구체적인 제안 가치를 도출해야만 한다.

다시 ESG 경영의 본질을 살펴보자. ESG 경영은 목적이 아니고 수단이라는 것이 일반적인 견해라고 이미 설명하였다. 그러면서, ESG 경영의 목적은 기업의 「지속가능성 Sustainability」이라는 것도 설명했다. 법인法人이라고 불리는 기업은 창업 후 100년, 200년 이상 영속하는 것을 목표로 치열한 경영 활동을 수행하고 있고, 그 과정에서 현재의 수익 창출뿐 아니라, 기업 가치를 제고(위험 예방＋기회 창출)하여 지속 가능하게 성장·발전하는 기업으로 만들기 위한 수단으

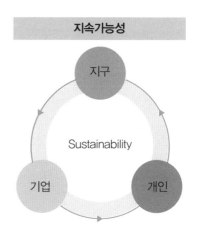

로 ESG 경영을 도입·실행하는 것이다.

　나는 바로 이 부분에서 직원들과 기업이 Win-win할 수 있는 포인트가 있다고 생각한다. 인간을 포함한 모든 생명체의 공통적인 욕구도 '지속가능성 Sustainability'이다. 사람(人)은 누구나 오랫동안 장수하면서 지속적으로 행복해지기를 원하며, 특히 요즘 직장인 사이에서 일반화되어 가고 있는 워라밸 Work & Life Balance, 일·생활 균형 중시 풍조를 보더라도, 직장에서의 성공 못지않게 직장 생활을 하는 지금의 시간과 현재의 직장을 떠난 후에도 지속적으로 행복한 삶을 살고 싶다는 욕구는 점점 더 강해지고 있다. 물론, 코로나 사태를 겪으면서 워라밸보다는 '돈'이 더 중요하다고 생각하고 투잡을 뛰는 직장인이 늘어나고 있다는 언론 기사가 나오고는 있지만, 나는 이러한 현상 또한 당장의 먹고사는 문제를 넘어서 지속 가능하게 경제적 문제 없이 살아야겠다는 장기적 관점의 워라밸 추구 경향으로 이해하고 있다.

//////////////////////////

　바로 이 교집합이 한국 기업이 주목해야 하는 ESG 경영 성공의 핵심 포인트라고 생각한다. 서로의 지속가능성을 지지하고 기여하는 기업 경영을 통하여 직원과 기업이 Win-win하는 문화를 만들 수 있고, 그것이 바로 '직원 중심의 ESG 경영-SPSC Sustainable People, Sustainable Company 문화'라고 정의하고자 한다.

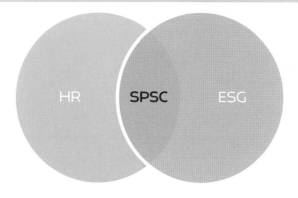

이어지는 제4장에서는 본격적으로 SPSC 문화를 만들기 위한 구체적인 방법론을 설명할 것이다. 나는 『직원 중심의 ESG 경영 – SPSC_{Sustainable People, Sustainable Company} 문화』를 구축하기 위하여 다섯 가지의 실행 방법론을 제시하고자 한다. 이는 피라미드와 같이 단계별 실행의 의미를 담고 있으며, 1단계 활동(ESG 변화관리)부터 지속적으로 실행·유지하면서 조직의 탄탄한 기반을 구축해야만 하는 접근 방식이다.

제4장

××

SPSC
방법론

××

"인류의 진정한 문제는 다음과 같다.
우리는 구석기 시대에 머물러 있는 감정과 중세의 제도,
신과 같은 테크놀로지를 갖고 있다."

_ Edward Osborne Wilson (미국의 생물학자)

SPSC 문화
(Sustainable People, Sustainable Company)

5. 노사 ESG

4. 생애관리 경험

3. ESG 지표관리

2. 인권경영

1. ESG 변화관리

ESG 변화관리

변화와 변화관리

SPSC 방법론의 1단계는 'ESG 변화관리'이며, 이는 기업이 ESG 경영을 어떻게 효과적으로 도입하고 실행할 것인가에 대한 전체적인 '변화관리Change Management 활동'이다.

ESG 경영뿐 아니라, 기업은 수없이 많은 혁신 활동, 개선 활동 등을 추진한다. 이 모든 것들이 결국은 '변화Change'이다. 세상에서 유일하게 변하지 않는 것은 무엇일까? 그것은 바로 '세상 모든 것은 변한다는 사실 그 자체'이다. 인간은 태어나면서부터 누구나 '생로병사生老病死'의 변화를 거치게 되어 있다. 오늘 나의 얼굴이나 모습은 어제와는 다르며, 하루 사이에도 분명한 변화가 생기는 것이다. 어느 누구도 이 변화에서 벗어날 수는 없다. '10년이면 강산도 변한다'는 우리 속담도 있듯이 자연의 모든 동식물도 마찬가지 과정을 겪고 있다. 끊임없이 변하는 것이다.

기업도 마찬가지로 고유의 '생애 주기Life cycle'를 가진다. 창업 초기를 거쳐 성장기와 성숙기를 지나 쇠퇴기를 겪는다. 그렇기에 창업 초기의 기업 문화(특성)와 성숙기의 그것은 분명한 차이를 보일 수밖에 없다. 또한 기업은 시간이 지남에 따라 겪게 되는 생애 주기적인 변화와는 다른 별도의 변화도 겪게 된다. 기업 환경의 변화에 따라 기업이 변해야만 한다는 것이다. 예를 들어, 중국의 값싼 인건비를 활용하여 현지에 공장을 설립하고 적은 비용으로 제품을 '생산'하는 기지로만 중국을 대하다가, 어느 순간 중국의 경제가 발전하고 13억의 새로운 소비자가 등장하면서 기업은 이제 중국이라는 '시장'에서 자기의 제품을 잘 팔 수 있는 전략을 실행해야 하게 되었다. 이러한 변화에 대하여 어떻게 대응하느냐에 따라 기업의 경쟁력과 성과는 엄청난 차이를 보이게 되기에, 기업 경영에서 일련의 변화를 어떻게 효과적으로 관리하느냐의 문제는 점점 더 중요해진다.

여기에 우리가 흔히 볼 수 있는 육면체 모양 얼음이 있다. 그런데 어렸을 때부터 이 얼음만 먹다 보니 지겹기도 해서 예쁜 하트 모양의 얼음으로 만들어서 먹고 싶어졌다. 어떻게 하면 되겠는가? 일부 사람들은 육면체 모양의 얼음을 잘게 부수어서 하트 모양으로 억지로 만들면 된다고 생각할지도 모르겠다. 그것도 방법은 방법이다. 하지만 그 방법은 지금 우리가 이야기하는 '변화관리'가 아니고, '혁명Revolution'이라고 볼 수 있다. 혁명은 피를 부르고 엄청난 고통이 따른다. 체계적인 변화관리를 통한 혁신Innovation은 달라야 한다.

변화관리 관점에서의 순서는 이렇다.

① 육면체 모양의 얼음을 녹인다. (Unfreezing)

② 하트 모양의 얼음 틀에 담는다. (Moving)

③ 그 얼음 틀을 다시 얼린다. (Refreezing)

이렇듯 "특정한 변화 목표를 향하여 조직을 체계적(단계적)으로 관리해 나가는 일련의 과정"을 「변화관리Change Management」라고 한다. 좀 더 개념적으로 상세히 풀어 보면 "예측 불가능하고 불확실한 대내외 환경과 경영 맥락Context의 변화에 효과적이고 효율적으로 대응하기 위해서 일련의 계획을 수립하고 실행하고 촉진해 나가는 프로세스"라는 의미이다. 쉽게 이야기하면, 개인이나 조직(기업)을 현재의 상태에서 우리가 의도하는 바람직한 상태로 바꾸어 나가는 효과적인 과정이라고 이해하면 좋겠다. 담배를 피우던(현재 상태) 사람을 담배를 안 피우는(바람직한 상태) 사람으로 바꾸고, 고객 존중 풍토가 약한(현재 상태) 회사를 고객 지향(바람직한 상태)의 회사로 바꾸어 나가는 과정인 것이다.

이러한 변화는 어느 날 갑자기 '이렇게 해 보자'는 약속만 한다고 저절로 되는 것은 아니다. 체계적인 계획을 바탕으로 단계별로 필요한 활동을 차근차근 실행해야만 실현 가능한 것이다. 그렇기에, '관리Management'라는 단어가 추가된 것이다. 나는 기업에서 10년 동안 조직 문화 업무를 수행하면서 이 변화관리의 개념을 조금이나마 익힐 수 있었다. 그리고 그 이후 CSR 업무를 수행하면서 이러한 변화관리의 틀을 적용하여 나름대로 짧은 시간에 성공 체험을 했다. 그리고 지금 많은 기업들을 지원하는 과정을 통하여 기업들이 ESG 경영을 효과적으로 도입하고 실행하는 데 필요한 'ESG 변화관리 Frame'을 정립할 수 있었다.

ESG 경영에 변화관리가 필요한 이유

일반적으로 변화관리 활동이 많이 적용되는 사례는 '기업 비전'에 대한 변화관리이다. 현재의 사업과 조직 수준을 넘어서, 보다 차별화된 경영 성과를 창출하기 위하여 회사가 어떤 비전과 목표 그리고 과제를 수행해 나갈 것인가에 대한 전반적인 관리 활동이 변화관리의 주제로 많이 다루어지고 있다. 이런 활동은 결국 기업(CEO) 입장에서는 보다 탁월한 경영(재무적) 성과를 창출해야 하는 필요성에서 출발하고, 또 결과적으로 일정한 재무적 성과를 안겨 줄 수 있는 활동들이다. 이렇듯 기업에 직접적인 이익이 되는 활동인 동시에 단순히 회사의 비전을 선포하는 수준이 아니라 지속적이고 체계적으로 관리해 나가야만 비로소 성공할 수 있는 것이다.

그런데 ESG 활동은 아직까지는 기업 입장에서 '비용'이라는 의미로, 추가적인 '부담'이라는 측면이 강조되는 이슈이자 가능하면 피하고 싶은 과제이다. 그렇기에 앞서 이야기한 기업 비전 실현 활동에 비하여 기업 내부의 공감대나 지지를 얻어 내기가 상대적으로 더 어려운 과제라고 할 수 있으며, 바로 이 점이 ESG 경영에 대한 변화관리가 특히 필요한 이유가 된다.

초기에 ESG 활동을 추진하는 기업들의 경우를 보면, 대부분은 CEO의 의지나 생각만을 충실히 실행하는 활동, 외부 이해관계자들이 요구하는 것만을 충족하는 사회 공헌 활동, 크게 무리가 되지 않을 수준에서의 기준 준수 활동, 다른 기업도 발간하니까 우리도 한다는 식의 '지속가능경영(ESG) 보고서' 발간 등 전략적인 접근이라고 이야기할 수 없는 수준의 활동이 많다.

그렇다 보니 결국 ESG 활동이 기업 경쟁력 제고에 기여할 수 있는 수준까지 이르지 못하는 한계에 부딪히게 되고, 이는 다시 ESG에 대한 기업 내부적인 인식을 왜곡되게 하는 악순환의 고리를 만들게 되는 것이다. 우리가 흔히 많이 언급하는 단어가 '전략적 ESG'이다. 그런데 이 전략적 ESG란 것은 단순 대응식의 활동으로는 절대로 달성할 수가 없는 것이다.

우리 회사의 경쟁력 제고에 필요한 ESG 과제가 무엇이고 그것을 달성하기 위해서는 어떤 체계적인 방법론을 사용할 것인가를 '선택'하고 그것을 지속적으로 '관리'하는 활동이 반드시 필요하다. 바로 이 점이 기업 경영의 '재무적 영역'에서 많이 적용되던 변화관리 스킬을 '비재무적' 영역인 ESG 활동에 적용해야만 하는 또 하나의 이유라고 할 수 있다.

ESG 변화관리 Frame

ESG 경영의 효과적인 실천을 회사 내부적으로 가능케 하기 위해서는 무엇을 어떻게 관리해야 할 것인가에 대하여 살펴보자. 우선은 변화관리 과정에서 우리가 무엇(What)을 관리해야 할 것인가를 명확히 이해해야 한다. 이 부분은 다음의 래프팅_{Rafting} 사례로 이해하면 좋겠다.

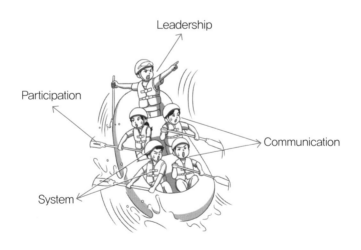

잔잔한 호수에서 경기하는 것과 달리, 험난한 계곡을 안전하고 빠르게 내려가야 하는 래프팅 경기에서 중요한 것은 무엇일까?

우선적으로 눈에 띄는 것은 맨 뒤에 서 있는 리더의 역할이다. 바위를 피하고 우리가 원하는 물결의 방향을 정확히 찾기 위하여 다른 멤버들보다 높은 위치에서 앞을 내다보고 있다. 멤버들에게 명확한 방향을 제시하고, One-team으로 그 방향으로 배를 몰고 갈 수 있도록 힘을 불어넣어 주어야 한다. 본인의 오른손에 든 노를 이용하여 배의 진행 방향을 핵심적으로 조정해 주면서… 이것이 바로 『리더십Leadership』이다.

두 번째는 래프팅을 하는 사람들의 입에 주목하자. 다 같이 힘을 내자는 파이팅을 외치고 있을 수도 있고, 어느 방향으로 가자는 외침일 수도 있고, 옆의 동료에게 무엇을 해 달라는 요청의 목소리일 수도 있지만, 아무튼 모두가 열심히 뭔가를 외치면서 내려가고 있다. 바로 『소통Communication』이다. 소통은 크게 세 가지 방향의 소통을 생각하면 된다. 우리가 무엇을 목표로 어떻게 ESG 경영을 할 것인지에 대하여 하향식Top-down으로 알려주는 것, ESG 경영을 실행하는 과정에서의 고충과 아이디어를 직원들이 제안하는 상향식Bottom-up 소통, 실행 과정에서 유관 부서(이해관계자)와 긴밀하게 협의하고 협력하는 수평적Horizontal 소통, 기업 경영에서 소통은 흔히 우리 몸의 '혈관'에 비유되곤 한다. 혈관이 막혀버리면 치명적인 건강상의 문제가 발생하는 것과 같이, 기업 내에서 어느 방향의 소통이더라도 막히게 되면 성과 창출에 심각한 문제가 생긴다는 의미이다. ESG 경영도 마찬가지이다.

세 번째는 노를 젓고 있는 멤버들의 모습이다. 배를 앞으로 보내기 위하여 노를 젓는 사람도 있지만, 경우에 따라서는(그림의 좌측 상단 사람) 속도를 늦추는 역할을 수행하는 사람도 필요하다. 이렇듯, 기업에서 ESG 경영을 추진하는 과정에서 부서별로, 직원들 각자가 수행해야 하는 역할을 부여하고 그들의 자발적인 참여를 활성화하는 변화관리 활동이 반드시 필요한 것이다. ESG 부서만 뭔가를 열심히 하는 ESG 활동을 넘어서야 한다. 우리 회사의 ESG 전략 과제와 관련하여 특별히 정해진 역할이 없는 부서나 개인에게는 에너지 절감을 위한 사무실 조명등 끄기 캠페인이라도 기획해서 직원들이 참여하도록 유도할 수 있어야 한다. 전원 『참여Participation』의 변화관리 활동이 중요하기 때문이다.

마지막 변화관리 항목은 『시스템System』이다. 사진에서 보면, 모든 사람이 안전모와 구명조끼를 착용하고 있다. 래프팅 경기에서 가장 중요한 목표 중의 하나가 안전일 것이다. 그런데, 우리 모두가 안전하게 경기를 마치자는 다짐만으로 멤버들의 안전이 보장될 수 있을까? 시스템의 의미를 이렇게 설명하기도 한다. '하지 않으면 안 되도록 만드는 장치'. 안전모와 구명조끼를 입고 경기에 나선다면 래프팅에 참여하는 사람들에게 최소한의 안전이 보장될 것이다. ESG 경영도 열심히 해 보자는 의지만 다져서는 안 된다. 우리 기업 경영상에서 제도와 프로세스와 접목되고 시스템적으로 움직여야 한다. 가장 대표적인 것이 바로 '평가와 보상'이다. 우리 회사의 각 조직과 개인의 평가에 ESG가 전혀 반영되지 않고 CEO가 열심히 하자고 강조만 한다면, 과연 적극적으로 ESG 활동을 실천하는 문화를 만들 수 있을까? 짧은 기간 잠깐 활동 흉내를 내는 수준이 아니고, 지속적으로 ESG 활동을 추진할 수 있을까? 이것이 시스템의 중요성이다.

이상에서 설명한 ESG 변화관리 4개 요소(What)를 종합해 보면, 다음과 같다.

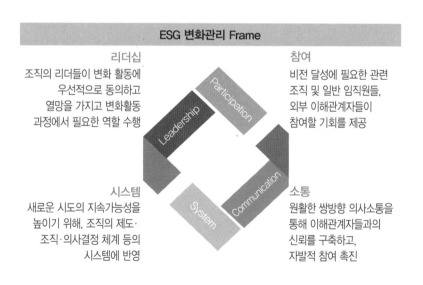

ESG 변화관리 Frame

리더십
조직의 리더들이 변화 활동에 우선적으로 동의하고 열망을 가지고 변화활동 과정에서 필요한 역할 수행

참여
비전 달성에 필요한 관련 조직 및 일반 임직원들, 외부 이해관계자들이 참여할 기회를 제공

시스템
새로운 시도의 지속가능성을 높이기 위해, 조직의 제도·조직·의사결정 체계 등의 시스템에 반영

소통
원활한 쌍방향 의사소통을 통해 이해관계자들과의 신뢰를 구축하고, 자발적 참여 촉진

- 리더십Leadership : 기업 조직의 CEO를 포함한 리더(임원)들이 변화 활동에 우선적으로 동의하고, 그들 스스로가 열망을 가지고 변화 활동 과정에서 솔선수범의 역할을 해 주는 것이 필요하다.
- 참여Participation : 우리 ESG 비전 달성에 역할이 필요한 관련 조직 및 일반 임직원들, 그리고 외부의 이해관계자들이 참여하여 같이 변화를 만들어 갈 기회를 전략적으로 개발·제공해 주어야 한다.
- 의사소통Communication : 일련의 ESG 활동과 관련하여 원활한 쌍방향 의사소통을 통해 내·외부 이해관계자들과의 신뢰를 구축하고, 자발적 참여를 촉진할 수 있어야 한다.
- 제도System : 변화 활동이 일회성 활동으로 그치지 않고, 지속 가능하게 전개되기 위해서는 회사의 제도·조직·의사결정 체계 등의 시스템에 반영되어야 한다.

ESG 변화관리 Check-lists

앞에서 설명한 네 가지 요소를 잘 관리해야 한다는 이해를 바탕으로, 이제는 구체적으로 어떻게(How) 그것들을 관리해야 할지에 대하여 체크리스트 형태로 제시하고 설명하고자 한다.

ESG 변화관리 Check-lists ™	
What	**How (Check-lists)**
1. 리더십	1-1. 경영 목표 달성 관점에서 ESG의 필요성을 인식한다.
	1-2. ESG 경영의 명확한 Vision과 구체적인 목표를 제시한다.
	1-3. 일상적인 언행을 통하여 ESG 경영 실행을 솔선수범한다.
2. 소통	2-1. ESG 경영의 Vision·목표·과제·진행 상황을 정확히 알려준다.
	2-2. 임직원들의 아이디어와 제안을 적극적으로 수렴하고 반영한다.
	2-3. 외부 이해관계자들과의 지속적인 소통을 진행한다.
3. 참여	3-1. ESG 경영 실행에 필요한 조직을 One-team으로 운영한다.
	3-2. 조직별·계층별로 실행할 수 있는 기회와 프로그램을 제공한다.
	3-3. 외부 이해관계자들과 함께 하는 ESG 경영 활동을 추진한다.
4. 시스템	4-1. 회사의 경영 전략과 Align되는 ESG 전략을 수립한다.
	4-2. 조직별·개인별 KPI와 ESG 실행 활동이 연결되어 관리된다.
	4-3. 핵심적인 ESG 변화 방향을 회사의 제도로 연결한다.

1-1. 경영 목표 달성 관점에서 ESG의 필요성을 인식한다.

CEO를 포함한 고위 임원들의 공통적인 특징은 '사업에 몰입'되어 있다는 것이다. 이들에게 ESG 경영을 얘기할 때 "외부 어느 단체가 이런 기준을 만들어서 홍보하고 있으니 우리 회사도 한번 적용해 보는 것이 좋겠다"라든지, "경쟁사가 이런 사회 공헌 활동을 한다고 언론에 보도되었으니 우리도 한번 해 보자"는 식의 커뮤니케이션은 백전백패百戰百敗가 될 것이다. 대신, 우리의 제품과 서비스를 구매하는 고객사가 이러한 ESG 기준 준수를 요구하고 있다든지, 우리 회사의 전략 고객 대상의 새로운 ESG 신사업이 필요하다는 식의 '사업과 연결되는 ESG 이슈'를 전략적으로 어필하는 것이 반드시 필요하다. 또한 기업 내의 리더들 스스로가 ESG 경영이 기업의 비전 실현과 경영 목표 달성에 어떻게 기여할 수 있는지를 고민하고 명확한 방향을 설정해야 한다.

사례 경영의 Impact 분석

- 에자이社, 일본의 제약회사
- 비재무자본의 가치를 정량적으로 분석하여 내부 보고/활용
- "여성 관리직 비율을 10% 개선하면, 7년후에 PBR*이 2.4% 상승한다." (2020년 통합 보고서)

1-2. ESG 경영의 명확한 Vision과 구체적인 목표를 제시한다.

일부 기업들의 ESG 비전을 보면, '함께 행복한 사회 건설', '사회적 책임을 다하는 성숙한 기업 시민' 등의 두리뭉실하고 손에 잡히지 않는 표현을 발견할 수 있다. 솔직히 저 회사가 어떤 목표를 가지고 있는지 잘 모르겠고, 심하게는 고상한 단어들 몇 개 나열하여 멋져 보이는 문장만 만들어 놓은 것은 아닌지 의구심마저 드는 경우도 생긴다. 이 회사의 비전을 다른 회사에 가져가도 크게 어색하지 않을 정도이다. 우리가 추진하는 활동의 Vision과 목표는 최대한 정량적인 목표를 담은 구체적인 그림을 제시할 수 있어야 한다. '연간 인권 이슈 발생 Zero화', '여성 근로자 직장 만족도 90점 이상 달성' 등

....

* PBR : 주가가 한 주당 몇 배로 매매되고 있는지를 보기 위한 주가기준

누구라도 이해할 수 있는 수준의 Vision(목표)을 제시해야만 강한 실행력을 담보할 수 있는 것이다.

사례 2030년까지의 정량적 목표 제시

5대 영역별 정량 목표 설정 및 지속적 관리
－SV 창출 누적 1조 원
－온실가스 배출량 집약도 57% 감축(by 2026)
－공정가스 배출량 40% 감축
－신규 협력사 행동규범 준수 서약 100%
－여성 임원 비율 3배 증가

1-3. 일상적인 언행을 통하여 ESG 경영 실행을 솔선수범한다.

모든 기업은 하루도 빠짐없이 수많은 과제(이슈)들이 치열하게 논의되고 실행되는 전쟁터와 같은 곳이다. 이런 분위기에서 'ESG'라는 아직은 우리에게 낯설고 중요하지 않은 것 같은 과제에 대한 관심을 꾸준하게 이끌어낸다는 것은 결코 쉽지 않은 일이 되곤 한다. 기업 내에서 이런 한계를 극복할 수 있는 가장 강력한 방법이 바로 'CEO를 포함한 리더들'의 강력한 의지를 지속적으로 알리고 실제 언행을 통하여 보여주는 것이다. 많은 기업들이 'ESG 위원회committee' 등을 정기적으로 운영하는 이유도 이 때문이다. 정기적으로 개최되는 위원회에서 CEO의 생각과 의지를 확인하고, 그 내용을 기업 내에 효과적으로 전파함으로써 지속적인 실행을 촉진할 수 있는 것이다. 또한, 우리 회사의 ESG 철학과 정책을 반영한 회사 차원의 강력한 조치 또한 리더십 관점에서 효과적인 메시지를 전달할 수 있게 된다.

- AI 기술을 활용한 채용시스템의 도입을 검토하다가 돌연 중단
- AI의 학습용 데이터(이력서)의 대부분이 남성인 관계로 AI가 남성만을 더 높게 평가하는 오류
- '차별금지'에 관한 회사(CEO)의 강력한 의지 표명

2-1. ESG 경영의 Vision·목표·과제·진행 상황을 정확히 알려준다.

ESG 활동은 회사 내 전ₐ계층과 전ₐ조직이 참여해야만 하는 활동이다. CEO의 의사결정 과정에 반영되어야 하며, 수많은 임직원이 사회 문제 해결에 적극적으로 참여해야 하는 활동이기 때문이다. 그렇기에 전파 활동도 모든 계층을 대상으로 체계적으로 진행되어야만 한다. 예를 들어, CEO를 포함한 임원 계층에는 그들의 관심사(사업 관점)에 어필할 수 있는 정보를 담은 뉴스레터 등을 제공해 주고, 신입 사원 교육 등을 활용하여 회사의 ESG 활동을 이야기(사례)식으로 전달하는 교육을 할 수도 있다. 또 일반 직원 대상으로는 다양한 채널을 활용한 소통(일하는 업무 공간에 포스터·그림·메시지 등의 노출, 사내 교육, 회의 시작 시 ESG 전략 소개 등)을 통하여 정확히 알려주는 활동이 우선되어야 한다. 특히, 대다수 기업이 이미 실행하고 있듯이 요즘의 세태를 반영하여 동영상 홍보물을 제작하여 소통에 활용하는 것은 아주 효과적이라고 할 수 있다.

사례 다양한 채널을 통한 ESG 목표 공유

SONY

- Top-down 전파
  - Visual(포스터 등) 제작하여 전세계에 배포
  - CEO의 편지 정기적 공유
  - 타운홀 미팅을 통한 목표 설정
- Bottom-up 방식
  - 사내 웹사이트를 통한 개인별 실천내용 인터뷰 공유 (My Purpose)

사례 유튜브를 통한 실행 사례 공유

- '내일도 함께 애쓰지' 시리즈
- 회사의 ESG 경영과 관련된 다양한 사례/인터뷰를 동영상으로 제작하여 이해관계자들과 공유
- ESG 활동/성과에 대한 효과적 공유와 함께, 동영상 출연 임직원들의 자긍심 제고

2-2. 임직원들의 아이디어와 제안을 적극적으로 수렴하고 반영한다.

기업이 현장 개선 활동을 하는 과정에서 사용하는 슬로건 중에 '답은 현장에 있다'는 것이 있다. 고객 만족을 실현할 수 있는 개선 방안은 현장에서 근무하는 직원들이 가장 잘 알고 있다는 의미이다. 마찬가지로 우리 회사가 목표로 하는 ESG 경영을 달성할 아이디어도 우리 직원들이 가장 잘 알고 있다. 이 부분을 최대한 활용해야 한다. 또한, 회사가 추진하는 ESG 활동 과정에서 임직원들이 느끼는 어려움과 고충도 밀착하여 파악하고 해결해 주는 활동은 장기적 관점에서 ESG 경쟁력을 제고할 수 있는 아주 소중한 기반이 될 것이다.

신규 도입 제도에 대한 임직원 만족도 확인

- 새로 도입한 '유연근무제' 실행후 직원 대상의 불편사항 조사 진행
- '결재 과정의 불편함'에 대한 의견이 가장 많은 것으로 확인·결재 권한을 개선 (이사장→부서장)
- 유연근무제 활용률 전년 대비 95% 개선

2-3. 외부 이해관계자들과의 지속적인 소통을 진행한다.

ESG 경영은 '이해관계자 만족 경영'이라고 이미 설명하였다. 그렇기에, ESG 경영을 실행하는 과정에서 이해관계자들과의 끊임없는 소통과 공유가 절대적으로 필요하다. 많은 기업이 정기적으로 발행하는 지속가능경영(ESG) 보고서의 목적도 이것이고, 중대성 분석 과정에서 이해관계자들 대상의 설문 조사, 협력사 등과의 정기 간담회 등도 모두 이해관계자들과의 소통을 목적으로 우리가 이미 실행하고 있는 활동이다. 좀 더 기대한다면 지금 진행하고 있는 활동의 효과성 등을 지속적으로 점검하여 실질적인 이해관계자들과의 쌍방향 소통이 가능한 우리 회사만의 프로그램을 개발하려는 노력이 필요하다는 것이다.

ESG 이슈별 이해관계자 자문회의

- 주요 ESG 이슈 (소비자 안전, 고객정보 보호 등)별 전문가 초청 자문회의의 정기적 개최
- 해당 주제 관련 회사의 ESG 활동 내용을 공유하고, 주요 개선 방안에 대한 의견 수렴
- 자문회의 논의 내용에 대한 실행 결과를 차기 ESG보고서에서 공시

3-1. ESG 경영 실행에 필요한 조직을 One-team으로 운영한다.

국가 대표 축구팀을 구성하면서 손쉽게 소집할 수 있는 국내 리그 선수들만을 대상으로 한다면 기대하는 성적을 내기는 어려울 것이다. 유럽의 깐깐한 구단주들을 설득해야 하는 어려움은 있겠지만, 유럽 리그에 진출한 실력 있는 선수들을 포함해야만 한다. 마찬가지로 ESG 활동 과정에서 지금 당장 모을 수 있는 조직들만 모으는 것은 아무런 의미가 없다는 이야기이다. 우리가 실행해야 하는 ESG 과제 해결에 반드시 역할을 해 주어야 할 조직을 모두 참여시켜야 하며, 특히 기업 내에서 '오피니언 리더Opinion leader'의 역할을 하는 사람(조직)을 포함시키는 전략도 필요하다.

또 한 가지 기억해야 할 점은 '계층 구조'이다. 통상 우리가 팀을 구성할 때는 관련 조직의 담당자들로 구성하게 된다. 그런데 팀 활동에 참여하는 담당자들의 입장에서 생각해 보면 그들은 스스로 뭔가를 독자적으로 결정하고 실행할 수 없는 입장이기에, ESG 활동에 수동적으로 참여할 가능성이 높다. 그리고 본인의 고유 업무와는 별개로 ESG를 챙겨야 하는 경우가 생기고, 이 활동을 열심히 한다는 것이 본인의 평가(인사 고과)에 별로 영향을 미치지 못하는 경우도 생기게 된다. 그렇기에 추진팀을 구성할 때는 관련 조직의 '임원→팀장→담당자'로 연결되는 계층 구조를 반드시 만들어야 한다.

사례 ESG 추진과제 관련 핵심부서 조직화

• ESG경영 워킹그룹 구성 및 활동
• E/S/G 분야별 책임자 선정 및 관련부서 참여 정기회의 등을 진행
• 논의 결과의 'ESG 위원회' 상정을 통한 회사 차원의 의사결정으로 연결

3-2. 조직별·계층별로 실행할 수 있는 기회와 프로그램을 제공한다.

조직에는 항상 '2:8의 법칙'이 존재한다고 한다. 우리가 추진하는 변화 활동도 마찬가지이다. 우리의 변화를 초기부터 지지하고 적극적으로 참여하는 직원이 있는 반면, 끝까지 반신반의하면서 실행을 주저하는 인원이 생길 것이다. 이들의 특성에 따라서 차별화된 변화 관리 방법이 필요하며, 가장 대표적인 방법이 '영웅 만들기'이다. 초기에 변화 활동에 적극적으로 참여하는 인원들을 공개적으로 칭찬하고 알리는 활동을 통하여 다른 직원들이 자연스럽게 따라 할 수 있는 분위기를 만드는 전략이 필요한 것이다.

또한, 모든 직원이 편하고 재미있게 그리고 의미 있게 회사가 추진하는 ESG 경영을 이해하고 같이 참여할 수 있는 프로그램(캠페인성 활동 포함)을 개발하고 지속적으로 제공해 주는 것도 필요하다. 우리 회사 내에서 ESG 활동 과정에서 소외되는 조직이나 직원이 없어야 한다.

사례	봉사활동 참여자에 대한 차별화된 지원
	• 연간 7일의 유급휴가를 부여하는 '봉사 휴가 제도' 도입 • 봉사 활동에 우선적으로 참여한 최고 100명의 직원들에게 회사가 부담하는 1,000만원 상당의 기부금을 제공할 단체를 선택할 권리 부여 • 직원 초기 참여도 제고에 기여

사례	회사의 ESG Vision과 개인의 목표 Alignment
	• 회사의 존재이유(ESG 목표)와 연결되는 개인의 목표(Story)를 포스터로 제작/공유 • 1만 Story Challenge • "테러와 싸운다.", "과학을 발전시킨다." • 27,000명 직원→42,000매의 포스터 작성

3-3. 외부 이해관계자들과 함께 하는 ESG 경영 활동을 추진한다.

외부의 이해관계자들도 ESG 경영 관점에서는 외부인이 아니라는 생각을 할 필요가 있다. 기본적으로 우리의 ESG 활동에 대한 기대를 확인하고, 우리의 활동 성과를 설명하는 '소통' 수준의 협력 관계를 구축해야 하지만, 좀 더 적극적으로 생각하면 이해관계자들과 함께 하는 ESG 활동도 기획하여 실행할 필요가 있다. 그러한 과정을 통하여 외부 이해관계자들과의 공감과 팀워크Team-work를 강화할 수 있다면 그것이야말로 ESG 경영의 가장 이상적인 모습이 아닐까 한다. 이미 우리나라의 많은 기업이 전문 NGO와 공동으로 사회 공헌 프로그램을 개발하고 운용해 본 경험이 있기에, 이러한 접근 방식으로 보다 영역을 확대하여 이해관계자들과의 협력을 강화하는 혁신을 실행하기를 기대한다.

고객과 함께 하는 친환경 활동

- 카메라 렌즈에 부착하는 필터와 커버를 취급하는 기업
- 기업 미션 : 창조성을 촉진하는 상품을 디자인하고, 2030년까지 10억 그루의 나무를 심는다.
- 사용자는 제품을 구입하고, 뉴스레터에 등록하는 등의 브랜드와의 교류 활동으로 회사가 진행하는 식수 프로젝트에 참여 가능 (마이 페이지를 통하여 내가 지금까지 몇 그루의 식수에 공헌했는지 확인 가능)

4-1. 회사의 경영 전략과 Align되는 ESG 전략을 수립한다.

아직까지는 ESG 활동이 경영상의 부가적인 활동이라는 인식이 회사 내에 지배적인 기업들도 있을 것이다. 그리고, 한두 번의 변화 활동만으로는 이 인식을 완전히 바꾼다는 것이 거의 불가능하다. 문화로 정착시킨다는 것은 임직원의 행동 변화와 함께 회사의 경영 전략의 일환으로 ESG 활동이 포지셔닝_{Positioning}되는 것이며, 이를 통하여 이 활동에 대한 전략적이고 지속적인 실행이 가능해진다. 그렇기에 ESG 활동을 시작하면서 '사업과 연계된 이슈'로 필요성이 제기되어야 하고, 최종적으로는 기업 경영 전략의 일환으로 반영되고, 기업의 목표 달성에 기여하는 활동이 되어야만 하는 것이다.

ESG 전략과제에 사업전략 반영

- 회사 차원의 ESG 4대 전략과제에 사업전략을 포함하여, 완전한 Alignment 추진
  - 부정적 환경영향 Zero
  - 미래 세대를 위한 제품과 서비스
  - 모두를 위한 지속가능한 일터
  - 포용적 사회를 위한 균형적 성장

4-2. 조직별·개인별 KPI와 ESG 실행 활동이 연결되어 관리된다.

ESG 활동은 기업 내 전체 조직의 참여가 반드시 필요하며, 이를 가능케 하는 근본적인 토대는 해당 조직과 개인이 평가받는 KPI에 ESG 활동의 성과를 포함시키는 것이다. 이를 위해서는 일련의 활동을 추진하는 과정에서 각각의 조직이 구체적으로 어떤 기여와 역할을 해야 하는지에 대하여 회사 차원에서 명확히 제시해 줄 수 있어야 하며, 공정하고 투명한 평가를 통하여 그들의 업무 성과에 반영되고 보상으로 연결되는 시스템이 반드시 구축되어야 한다.

사례 **조직/개인 평가에 ESG 반영**

- 가오(花王)社, 일본의 생활용품 기업
- 회사 차원의 ESG 전략(키레이 라이프 플랜) 수립
- 이에 따른 3개 항목에 대한 목표를 설정하고 달성도를 측정하여 평가에 30% 반영 (사업에 공헌, ESG, 부문 제휴 등)

4-3. 핵심적인 ESG 변화 방향을 회사의 제도로 연결한다.

모든 기업이 부서와 개인에 대한 평가·보상 제도 이외에도 많은 제도와 프로세스를 구축하여 운용하고 있다. 우리가 진정으로 ESG 활동을 기업의 미래 경쟁력으로 가져가기 위해서는 회사 내의 제도 및 시스템에 연결하는 작업이 필수적이다. 여성 근로자들의 채용과 근속을 제고하기 위하여 기본적으로 법에서 제시하는 육아 지원 제도를 운용하면서, 회사가 추가로 필요한 복리후생 제도 등을 개발하여 운용하는 것이다. 중요한 것은, 우리가 지금 추진하는 ESG 경영의 철학과 전략이 단발성 캠페인으로 그치지 않고, 장기적인 우리의 문화로 정착되기 위해서는 회사의 Hardware(제도, 프로세스 등)에 반영되어야 함을 잊지 않는 것이다.

사례 비혼자(非婚者) 복지제도 신설	
	• 2022년 비혼 지원금 제도를 신설 • 비혼을 선언한 직원에게 결혼하는 직원과 동일하게 기본급 100%와 특별 유급휴가 5일을 지급 • 구성원의 가치관을 존중하면서 혜택에 차별을 두지 않아야 한다는 점에서 도입 결정

지금까지 설명한 ESG 변화관리 방법론은 ESG 활동의 실행력을 장기적 관점에서 제고하기 위하여 반드시 필요한 것이다. ESG 경영을 도입하는 과정에서 가장 우선적으로 실행되어야 하는 활동이며, 지속되어야 하는 핵심 활동이다. 이러한 체계적인 변화관리 활동을 통하여 ESG 경영이 일시적인 유행이나 보여주기식의 활동을 넘어서 우리 회사의 미래가치를 창출하는 진정한 핵심 경쟁력 요소로 자리 잡을 수 있을 것이다.

2

인권경영

1단계 방법론으로 설명한 'ESG 변화관리'는 우리 회사 내에서의 ESG 경영 실행의 기반을 조성하는 것이고, 기업이 본격적으로 직원과 관련된 ESG 활동을 준비·실행하는 과정에서 가장 최우선적으로 인식하고 실행해야 하는 것은 「인권경영人權經營」이다. 우리 직원들이 인간으로서의 기본적인 권리를 철저히 보장받을 수 있도록 관리하고 지원해야 한다는 것이다. 아무리 복리후생 제도가 앞서 있고 우수해도, 회사에서의 근무 과정에서 기본적인 권리가 침해되고 훼손된다면 우리 회사의 임직원 관리 수준은 사상누각沙上樓閣이 될 수밖에 없다.

기업은 여러 사람이 모여서 공동의 목적 달성을 추구하는 조직이라는 설명을 앞에서 하였듯이, 기업 운영에는 사람(人)이 필수적이다. 이에 인권경영의 핵심은 '인권 리스크Risk에 대한 실사와 문제 발생 시 적절한 구제책을 제공하는 것'이다. 국제적으로 제시되는 주요 인권 규범과 원칙을 존중하고, 우리 임직원뿐 아니라 지역사회와 협력사 구성원에 대한 인권 보호 활동으로 확대되어야 하기에, 우선적으로 우리 임직원에 대한 철저한 관리 활동이 기업에게 요구되고 있는 것이다. 특히, 한국 기업의 글로벌 진출에 따라 기업의 활동 범위가 넓어지고 영향력이 확대되면서, 인권에 대한 기업의 긍정적 기여도 증가한 반면, 기업에 의해 발생되는 인권 문제의 위험성과 심각성도 증가하고 있다. 특히 기업의 부정적 영향은 국경을 넘어 수많은 사람들의 삶에 영향을 미칠 수 있기 때문에 기업 이해관계자들의 인권경영에 대한 요구와 기대가 지속적으로 커지고 있음을 반드시 기억하고 대응해야 한다.

인권경영의 주요 흐름 및 동향

기업 경영과 관련하여 인권경영의 중요성을 이해관계자들은 지속적으로 강조해 왔다. 이 부분은 2023년부터 발효되는 독일의 '공급망 실사법Supply Chain Due Diligence Law'과 EU 차원에서 2024년부터 발효되는 '기업 지속가능성 실사 지침EU Corporate Sustainability Due Diligence Directive'에서 기업의 인권 이슈가 핵심 이슈로 자리하고 있음을 보더라도 확인할 수 있다. 그만큼 기업의 생산과 판매 과정에서 인권 침해의 위험성이 높다는 것을 의미하며, 특히 자사뿐 아니라 글로벌 공급망(협력사)의 인권 문제까지 기업에서 관리하기를 기대한다는 것은 부정적 인권 문제의 파급력이 크다는 점을 얘기하는 것이다. 무엇보다도 우리 한국 기업의 경영 과정에서 수많은 인권 문제가 끊임없이 발생하고 있음을 부정할 수 없는 것이 현실이다.

1948년에 채택된 'UN 세계 인권 선언'은 전 세계에서 처음으로 인권 이슈를 공식화한 문서이다. 다만, 기업 경영 과정에서의 인권 이슈만을 다루지는 않고, 보편적인 관점에서 인권의 중요성을 강조한 것이었다. 본 선언에서는 모든 사람이 자유롭고, 평등하고, 존엄하게 살아가기 위해서는 자유와 권리를 보편적으로 보호할 장치가 필요함을 합의하면서, 인권을 존중할 의무는 국가뿐만 아니라, 모든 조직과 개인에게도 부과된다고 선언하였다.

그러다, 1960년대를 겪으면서 기업의 글로벌화와 맞물려 다국적 기업들의 영향력이 획기적으로 커지면서, 이에 대한 각별한 관리의 필요성이 대두되었다. 그 결과 1976년에 'OECD 다국적 기업 가이드라인'이 채택된 것이다. 그 이후, 기업 활동 과정에서의 인권 문제를 부각하고 이를 관리하기 위한 지침이나 가이드라인이 점점 더 강화되는 추세로 이어진다.

2000년에 출범한 UN Global Compact(UNGC)는 기업이 경영 활동 과정에서 인권·노동·환경·반부패의 영역에서 10개의 원칙을 준수할 것을 권고하고 있다. 지금도 기업 ESG 활동의 중요한 기준으로 적용되고 있는 내용이다. [1]

인권 (Human Right)	1	기업은 국제적으로 선언된 인권 보호를 지지하고 존중해야 하고,
	2	기업은 인권 침해에 연루되지 않도록 적극 노력한다.
노동 (Labour)	3	기업은 결사의 자유와 단체교섭권의 실질적인 인정을 지지하고,
	4	모든 형태의 강제노동을 배제하며,
	5	아동노동을 효율적으로 철폐하고,
	6	고용 및 업무에서 차별을 철폐한다.
환경 (Environment)	7	기업은 환경문제에 대한 예방적 접근을 지지하고,
	8	환경적 책임을 증진하는 조치를 수행하며,
	9	환경친화적 기술의 개발과 확산을 촉진한다.
반부패 (Anti-corruption)	10	기업은 부당취득 및 뇌물 등을 포함하는 모든 형태의 부패에 반대한다.

UN에서는 뒤이어 2011년에 'UN 기업과 인권 이행 지침UNGPs, UN Guiding Principles on Business & Human Rights'을 통하여 인권 존중을 다하기 위한 책임으로써 기업의 인권 정책 선언과 실천 점검 의무Due Diligence를 그 핵심으로 제시하게 된다. 이 이행 지침을 기준으로 이후 다양한 국제기구들(ILO, OECD, EU, World Bank 등)이 기업의 인권경영에 대한 구체적인 노력과 관리 활동을 제시하고 있다.

지금까지 간단히 살펴본 바와 같이, 기업의 인권 이슈에 대한 이해관계자들의 관심과 기대는, 커져만 가는 기업의 영향력을 고려할 때 너무나도 당연한 경영 환경의 변화라고 할 수 있다. 이제는 인권경영(협력사 및 주요 이해관계자까지 포함)에 대한 기업의 적극적인 관리 활동이 시장에서의 필수 요건이 되었다는 점을 정확히 인식하고, 빠르게 실행에 옮겨야 할 것이다.

기업이 인권경영을 도입하면서, 참고할 수 있는 중요한 국제 가이드라인을 연도별로 발췌·정리해 보면 다음의 표와 같다.[2]

인권 관련 주요 글로벌 가이드라인	
1948년	세계 인권 선언
1966년	경제적·사회적 및 문화적 권리에 관한 국제 협약
1976년	OECD 다국적 기업 가이드라인
1998년	노동의 기본적 원칙과 권리에 관한 ILO 선언
2000년	UN Global Compact 10대 원칙
2006년	사회 책임 투자 원칙(UN PRI)
2010년	ISO26000
2011년	UN 기업과 인권 이행 지침
2015년	지속 가능 발전 목표(UN SDGs)

인권경영 체계

기업 내에서 인권경영이 실현되기 위해서는 구체적이고 시스템화된 관리 활동이 필수적이다. 이러한 인권경영 관리 체계를 구축하는 방안을 살펴보도록 하자. 그동안 국제 사회의 가이드 등을 바탕으로 한국 정부에서도 기업의 인권경영과 관련된 다양한 가이드를 제시하면서 기업의 주도적 실행을 제안하고 있다. 국가인권위원회가 2018년에 발간한 《공공기관 인권경영 매뉴얼》과 법무부에서 2021년 말에 발간한 《기업과 인권 길라잡이》 등의 자료를 참고하면 좋겠다. 다양한 가이드 자료 등을 종합하고 앞에서 설명한 'ESG 변화관리' 관점을 반영하여 다음과 같은 기업의 인권경영 체계를 제안할 수 있겠다.

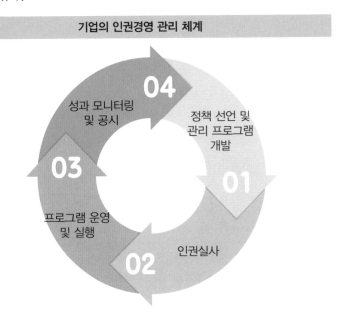

기업의 인권경영 관리 체계

1. 정책 선언 및 관리 프로그램 개발

인권경영을 시작하면서 우선적으로 해야 하는 것은 우리 회사가 지향하는 인권경영의 항목과 원칙을 결정하고 이를 대내외에 공표하는 것이다. 대부분의 기업들은 '노동·인권 방침'이라는 이름으로 정책을 정리하여 발표하고 있다. 이해관계자들이 우리 직원들과 관련하여 기대하는 사항 중에서 우리 회사가 중요하게 생각하는 항목을 결정하고, 이를 관리하는 과정에서 회사가 지향하는 원칙과 목표를 천명하는 것이다.

무엇보다도, 요즘 ESG 영역에서 그 중요성이 점점 높아지고 있는 'DE&I Diversity·Equity·Inclusion, 다양성·형평성·포용성' 이슈를 반드시 포함하기를 제안한다. 최근에 언론에서 많이 언급되는, 기업 이사회 구성 시 성性의 다양성을 강화해야 한다는 얘기가 이 이슈와 관련된 대표적 사례라고 할 수 있다. 앞에서 소개한 비혼자 복지 제도를 신설한 ㈜LG U+의 활동 사례도 DE&I를 확산하려는 기업의 정책적 결과물이라고 할 수 있겠다.

인권경영과 관련한 우리의 나아갈 방향(정책)이 결정되었다면, 이를 구체적으로 실현할 수 있는 프로그램들이 당연히 개발되어야한다. 이 과정에서 앞서 설명한 ESG 변화관리 관점의 활동들이 균형 있게 개발되어야 하겠다. 인권경영을 실천하기 위하여 우리 리더들은 무엇을 할 것이며, 인권경영과 관련하여 직원들에게 어떻게 정확히 알려줄 것인가(교육 포함), 그리고 그들의 고충과 제안을 어떻게 효과적으로 수렴할 것인가, 외부 이해관계자들에게는 어떻게 알리고 필요시 그들이 참여하는 인권 프로그램은 어떤 식으로 운영할 것인가, 인권경영의 결과(성과)에 대하여 어떻게 평가하고 보상에 반영할 것인가 등이 치밀하게 개발되고 준비되어야 한다.

특히, 관리 프로그램과 관련하여 반드시 강조하고 싶은 것은, '고충 처리 제도'이다. 인권경영의 중요한 목표 중 하나가 직원들이 인권을 침해받지 않도록 하는 것이다. 그렇다면, 나의 인권이 침해될 위험이 보이거나 아주 작게라도 침해되고 있는 시점에 빠르게 해당 사실을 조직 내에 알리고 구제(예방)받을 수 있는 장치가 핵심이라고 할 수 있다. 이 부분에 대한 활동은 법적으로 강제되고 있기도 하다.

「근로자참여 및 협력증진에 관한 법률」은 사업 또는 사업장에 고충처리위원을 두고 그 처리 절차에 관한 규정을 마련해야 한다고 규정하고 있다. 예전에 기업에서는 직원들이 근무하는 공간에 '고충 처리함'이라는 것을 설치하고, 이를 통하여 직원들의 고충을 수렴하는 활동을 진행했었다. 지금도, 생산 현장 등 일부 필요가 있는 근무 장소(온라인 접근이 상대적으로 어려운 직원이나 조직)에는 고충 처리함을 설치·운용할 필요가 있겠지만, 프로그램의 효과성 등을 감안할 때 대다수 기업이 온라인On-line 접근 방식을 확대하는 추세이다. 우리 기업에 적합한 온라인 고충 처리 채널은 무엇인지를 정의하고, 인권경영 활동 초기부터 고충 처리 채널을 구축하고 직원들의 참여를 장려해야만 한다.

사내에서 고충 처리 채널을 운용하는 과정에서 아래의 세 가지 요건을 충족할 수 있어야 한다는 점을 강조해서 제안하고 싶다.

kakao	텔미카카오 (TellMe@Kakao)	카카오 크루 전용 인트라넷 제보 시스템인 텔미카카오를 운영합니다. 카카오 크루 누구나 윤리규정 위반 행위를 목격하거나, 관련하여 상담을 받고자 할 때 이용 가능하며 익명 또는 실명 제보가 가능합니다.
	모두의 일 연구소 상담	모두의일연구소는 자율적으로 몰입하여 일하는 '카카오만의 일 방식'을 크루들과 함께 만들고자 고민하고 실행하는 조직입니다. 일 방식 및 근무제도에 대해 개선할 사항이나 궁금한 부분이 있으면 언제든 메일이나 오픈채팅, 대면으로 상담할 수 있는 창구를 운영하고 있습니다.
	라운드테이블 고충처리위원	노사협의체인 '라운드테이블'에 고충처리위원 3인(선출위원 2인, 위촉위원 1인)이 활동하고 있습니다. 아지트나 오픈채팅을 통해 인입된 고충에 대해 라운드테이블에 전달하고, 유의미한 해결책을 빠르게 도출하여 고충을 제기한 크루에게 전달하거나 공지하는 역할을 수행합니다.
	타임즈업	사내 성적 괴롭힘 예방과 발생 시 피해 최소화를 위해 크루들이 자발적으로 구성한 TF로서 사내 성적 괴롭힘 사건 발생 시 피해자의 컨설팅 그룹 역할을 담당합니다. 피해자의 입장을 보듬고 지지하며, 문제해결 절차 전반을 조력합니다.

- 접근성 : 직원 누구라도 해당 채널에 접근하기가 용이해야 한다. 채널에 대한 정보가 누구에게나 정확하게 공유되어야 하고, 개인의 능력에 따른 이용의 제한이나 채널 이용에 따른 불편 등이 발생하지 않도록 치밀하게 배려하면서 개발되어야 한다.

- 익명성 : 고충 사항은 본질적으로 직원들 입장에서는 편하게 얘기를 꺼내기 어려운 이슈들이다. 그렇기에, 고충을 제보하는 과정에서 최대한 직원들이 느끼는 두려움을 경감할 장치가 필요하며, 대표적으로 익명성을 보장하는 제보 시스템 구축이 필요하다.

- 피드백 : 고충 처리 채널의 지속가능성을 보장하는 가장 중요한 요소가 바로 피드백이다. 제보한 내용에 대하여 어떻게 점검하고 조치되었는지를 정확하고 빠르게 알려주는 활동이 반드시 필요하다. 요즘은 많이 개선되었지만, 아직 일부 기업에서는 고충 처리 채널을 설치하기에만 급급하고, 직원의 제보에 대한 조치 결과를 정확히 피드백하는 것에 소홀한 경우들을 보곤 한다. 가장 경계해야 할 부분이다.

고충 처리 채널과 함께 반드시 개발되어야 하는 것은 인권경영과 관련된 거버넌스Governance 구조이다. ESG 경영 차원에서 많은 기업들은 거버넌스 강화를 위하여 ESG 위원회를 기본적으로 구성한다. 마찬가지로, 인권경영과 관련하여 최종 의사결정과 리더십을 발휘할 수 있는 거버넌스 구조를 우리 회사의 상황에 맞추어서 우선적으로 만들어야 하며, 해당 조직이 실질적인 역할을 할 수 있는 실무 조직도 계층 구조로 구성해야만 한다. (별도의 거버넌스 조직을 추가로 구성하기보다는 기존에 구성된 ESG 위원회에서 정기적으로 인권경영 현황 및 이슈를 심의하고 결정하는 구조를 추천)

2. 인권 실사

인권경영을 추진하는 과정에서 가장 중요한 활동이 바로 '인권 실사_{Due Diligence}'이다. 우리 회사가 아무리 직원들의 인권을 잘 관리하겠다고 천명하고 필요한 프로그램을 개발·실행하더라도, 직원들이 현장에서 느끼는 인권 리스크_{Risk}를 사전에 발견하고 해결하는 활동이 진행되지 않고는 아무 의미가 없다. 회사 차원의 정책이 현장 곳곳에 실제 구현되도록 하는 중요한 활동이 바로 인권 실사인 것이다.

개념적으로 인권 실사란 「기업이 끼치는 부정적 인권 영향을 식별하고 방지·완화하며, 이러한 노력을 대내외에 천명하는 포괄적 절차」를 의미하며[3], 인권 영향 평가 실시, 인권 영향 평가 결과를 기업 활동 전반에 반영·실천하는 조치 등을 포함하는 활동이다.

인권 실사 활동의 출발은 실사 계획을 수립하는 것이며, 이에는 실사 대상과 항목을 결정하는 것이 핵심이다. 우리 회사 내의 조직을 어느 단위로 쪼개서 실사를 진행할 것인지를 결정해야 하는데, 특히 글로벌 사업을 수행하는 기업의 경우는 해외 법인을 반드시 포함해야 한다. 대부분 한국 기업의 특성을 살펴보면, 인권 침해 등의 부정적 이슈의 발생 가능성이 가장 높은 곳이 바로 해외 법인인 경우가 많다. 본사의 지침(정책) 등이 정확히 공유되는 측면이나 관리의 관점에서 상대적으로 취약할 수밖에 없다는 사실을 인지하고, 각별한 점검 및 관리 활동을 진행해야만 한다. 그런 관점에서 국내 한 기업이 진행하고 있는 해외 법인별 인권 담당자 육성·활동 사례는 시사하는 바가 크다고 생각한다.

사례	해외법인별 '인권 Champion' 운영

- 2020년부터 해외 법인에서 인사, 노사, 교육 담당자 중심으로 50여명의 직원을 선발
- 인권에 대한 의식을 높이고, 모범사례를 공유
- 자체 웨비나를 통한 전문성 강화 및 법인내 직원 대상의 인권교육 강사로 활동

인권 실사 항목은 우리 회사의 인권 정책을 기준으로 구체적으로 선정하면 되겠다. 개발 과정에서 국제 기준의 변화 및 국내 법규의 변화 등을 모니터링하여 필요한 부분에 대한 업데이트를 정기적으로 진행하면서 관리하면 된다.

실사를 진행하는 실사팀의 경우도 실사 대상이 많지 않거나(기업 규모가 작거나) 활동 초기 단계에서는 자체 실사팀을 구성해도 무리가 없겠으나, 해외 법인까지 포함하는 어느 정도 규모가 되는 기업의 경우에는 외부 전문 기관에 위탁하는 방식을 사용하기도 한다. 각각의 방식 모두 장단점이 있기에 이 부분은 기업별로 자체 판단하여 진행하면 될 것이다.

다음은 인권 리스크Risk를 실제 발견하는 단계로 연결된다. 바로 인권 영향 평가 단계이다. 우리가 정한 인권 항목을 기준으로 우리의 사업장들이 어떤 리스크가 있는지에 대해 영향 평가를 통하여 확인하는 단계인 것이다. 그리고, 실제 인권 위험을 확인하는 방법은 여러 가지(설문 조사, 체크리스트, 인터뷰, 정량 Data 확인 등)가 있을 수 있기에 이 부분은 기업별로 상황에 맞추어 결정하면 될 것이다. 다만, 한 가지 강조해서 제안하고 싶은 것은 '현장 확인'을 반드시 해야 한다는 점이다. 내가 실제 컨설팅 현장에서 만난 기업 중에는 임직원 대상의 '설문 조사'만으로 인권 영향 평가를 종결하는 경우가 있었다. 기업에서 진행하는 설문 조사가 분명 장점이 있는 건 사실이지만, 한계가 있다는 것도 우리는 잘 알고 있다. 단순히 직원들에게 설문서를 뿌려서 응답을 받는 방식으로는 현장에 숨어 있는 위험을 정확히 발견해 내기 어려울 뿐 아니라, 자칫 직원들에게 회사가 인권과 관련하여 '흉내만 내고 있다'는 오해를 받기 쉽다. 아무리 인력 및 시간상으로 어려움이 있더라도 리스크$_{Risk}$ 평가 과정에서 반드시 현장 확인이 필요하다. 실사팀이 현장을 방문하여 직원 대상의 FGI$_{Focused\ Group\ Interview}$를 진행하는 방식이 가장 많이 이용되는 현장 확인 활동이라고 할 수 있다.

현장 대상의 인권 영향 평가를 진행하여 발견된 인권 위험에 대해서는 앞서서 설명한 인권경영 거버넌스 체계를 통하여 공식적으로 원인 분석·보고·개선안 결정 등의 과정을 거치고 개선 활동으로 연결되어야 함은 너무나도 당연한 것이다.

3. 프로그램 운영 및 실행
인권 실사를 중심으로 우리의 인권경영 정책에 준하여 개발된 프로그램들이 지속적으로 실행되어야 한다. 당연히 인권경영 주관 부서 중심으로 운영에 대한 오너십_{Ownership}을 가지고 챙기겠지만, 중요하게 강조하고 싶은 것은 리더들의 참여와 직원들에 대한 홍보이다.

우리 회사가 인권경영을 제대로 실행하기를 원한다면, 현업의 리더들이 지속적으로 인권경영을 인식하고 역할을 해 주어야 한다. 주관 부서 독자적으로는 절대로 성과를 담보할 수 없다. 직장인들 사이에서 사용하는 표현 중에 '법보다 주먹이 가깝다'는 말이 있다. 회사가 아무리 이상적인 목표를 제시하고 관리 프로그램을 개발하였더라도 현장에서 직원들이 느끼는 우리 회사의 인권경영의 체감 수준은 해당 조직의 리더에 의하여 결정된다. 그렇기에, 리더 대상의 정기적이고 반복적인 교육과 함께 구체적인 리더들의 행동 방식을 제정하여 알리는 등 리더 대상의 집중적인 변화관리가 필요한 것이다.

또한, 회사가 실행하는 인권경영 활동의 내용 및 성과 등을 직원들에게 정기적으로 알려주는 과정을 통하여 우리 활동의 실행력을 제고할 수 있다. 직원들에게 알려진 내용은 리더들이 반드시 실천해야 한다는 일종의 압력(?)이 될 수도 있고, 모두의 공감대를 바탕으로 전사적인 역량을 집중할 수 있기에 홍보(공유) 활동이 반드시 필요한 것이다.

4. 성과 모니터링 및 공시

정기적으로 우리가 추진하는 인권경영의 성과를 모니터링·취합하고 향후 활동에 대한 방향을 설정하는 단계이다. 그리고 그 결과를 이해관계자들에게 정확히 설명해 주는 활동이 연결되어야 한다. 인권경영 거버넌스 조직 주관으로 최소 연$_{年}$ 단위로 성과를 집계하고 인권경영 실현을 위한 추가적인 이슈를 발굴하는 활동을 전개하면 된다. 그리고, 회사가 발행하는 지속가능경영(ESG) 보고서를 통하여 인권경영의 성과와 향후 계획을 설명하면 되겠다. 정기적으로 보고서를 발간하지 않는 기업은 홈페이지 등을 통하여 설명하는 활동이라도 진행하면 된다.

추가로, 글로벌 기업들은 지속가능경영(ESG) 보고서와는 별도로 인권과 관련된 보고서를 발간하고 있다. 물론, 군이 별도 보고서까지 발간해야 할 필요가 있는가에 대해서는 기업별로 판단할 문제이지만, Microsoft뿐 아니라, AT&T, Google, GE, Walmart 등의 사례를 해당 홈페이지를 통하여 참고로 확인해 보면 좋을 듯하다.

인권경영 관리 항목

구체적으로 인권경영에서 우리는 어떤 리스크$_{Risk}$를 관리해야 하는가가 가장 중요한 이슈일 것이다. 앞서 몇 차례 얘기했지만, 이 부분은 다양한 국제 기준 등을 참조(이해관계자들의 기대를 확인)하되, 결국은 우리 회사 입장에서 중요하게 관리되어야 하는 인권 이슈는 무엇인가를 주도적으로 결정할 필요가 있다. 즉, 정답이 없다는 것이다. 몇 가지의 기준을 살펴보면서, 우리 회사에서 중요한 인권 이슈는 무엇인지를 확인해 보자.

먼저, 2023년부터 발효되는 독일의 『공급망 실사법』에서는 기업이 관리해야 하는 인권 위험 항목으로 △아동 노동, △강제 노동, △모든 형태의 노예 제도, △산업 안전·보건 무시Disregarding, △결사의 자유 침해, △불평등한 대우, △합당한 임금의 체불, △환경 훼손(토양·수질·대기 오염, 소음 배출 및 과도한 물 소비 등), 식품 안전 저해, 식수 및 위생 시설 접근성 또는 개인의 건강 등 침해, △불법 퇴거 및 토지 박탈, △그 힘을 남용하는 보안 요원 고용, △인권을 심각하게 침해할 수 있는 기타 직무 위반 행위 등을 제시하고 있다.

전 세계 기업들의 연합체인 RBAResponsible Business Alliance에서는 다음의 항목을 관리하기를 제안하고 있다. △자발적 근로, △아동 노동 착취 금지, △근로 시간, △임금 및 복리 후생, △인도적 대우, △차별 금지, △결사의 자유 등이다.

국내 기준 중에서 법무부가 2021년 말에 발간한 《기업과 인권 길라잡이》에서는 다음 항목의 관리를 제안하고 있다. △기업과 인권 체계 구축, △고용상의 비차별, △결사 및 단체 교섭의 자유 보장, △강제 노동 금지, △아동 노동 금지, △산업 안전 보장, △직장 내 괴롭힘 방지, △책임 있는 공급망 관리, △현지 주민의 인권 보호, △환경권 보장, △소비자 인권 보호 등이다.

간단히 세 개 정도의 국내외 기준을 살펴보았는데, 각 기준에서 가이드하고 있는 내용에는 크게 차이가 없음을 우선 느꼈을 것이다. 강제 노동 및 아동 노동을 금지하고 결사의 자유를 보장하는 것과 같은 항목은 모든 기준에서 제안하는 항목들이다. 이렇게 공통으로 제안한다는 것은 그만큼 중요하다는 의미이다. 이런 이슈들은 우리 회사의 인권 정책을 수립할 때 빠트리지 않으면 된다.

또 하나 우리가 발견할 수 있는 부분은 국제 기준에는 없는 '직장 내 괴롭힘 방지' 항목이 법무부 가이드에는 포함되어 있다는 사실이다. 이처럼, 우리 국내 상황에 비추어 특별히 강조되는 부분들이 있다. 그 부분도 정책을 수립하고 인권 실사 항목을 결정하는 과정에서 반영되어야 한다. (우리가 생산 법인을 운영하는 아시아의 모某 국가에서 법제화된 인권 이슈도 해당 법인에서는 빠트리면 안 된다.) 이러한 배경에서 인권경영 관리 항목을 결정할 때, 우리 회사의 주도성이 중요하다고 앞서 강조한 것이다.

마지막으로 인권경영 관리 항목 중에는 일부 '노동Labor'과 관련된 항목들도 혼재되어 있음을 확인할 수 있을 것이다. 인권과 노동은 사실 분리해서 얘기하기 어려운 영역이다. 모두 우리 직원들이 회사에 근무하는 전全과정에 해당되는 이슈들이기에 밀접하게 연결되어 있고, 국제 기준들에서도 흔히 혼재되어 제시되곤 한다. '직원 중심의 ESG 경영 – SPSCSustainable People, Sustainable Company 문화'를 구축하는 활동으로 인권경영 체계 구축을 별도의 방법론으로 제안하는 것은 인권경영 자체가 너무나도 중요하기에, 기본적으로 관리되어야 하고 우선적으로 실행되어야 한다는 의미이다. 결국, 우리의 직원 관련 ESG 활동은 인권에만 국한되어서는 안 된다. 이 부분은 '제4장 SPSC 방법론 - 3. ESG 지표관리'로 연결하여 설명하겠다.

ESG 지표관리

이 책에서 제안하는 'SPSC 문화'는 우리 직원들의 회사에 대한 만족도를 제고하면서 회사의 ESG 경영 활동을 직원들이 정확히 이해하고 몰입하여 주도적으로 실천하도록 하는 문화이다. 이를 위하여 직원들이 근무 과정에서 인간으로서의 기본적인 권리가 침해받지 않도록 철저히 관리하는 '인권경영'을 우선적으로 실천할 것을 제안하였다. 이제는 좀 더 범위를 확대하여 이해관계자들이 기업에 기대하는, 직원과 관련된 ESG 지표를 종합적으로 관리해야 한다. 기본적으로 인권을 철저히 보장해야 하지만, 보다 적극적으로 노동 영역을 포함하여 우리 직원들의 만족도와 생산성 제고에 기여하는 기업의 지원 활동을 점검하고 개선하여야 한다는 것이다.

직원 관련 ESG 관리 지표

제1장에서 이미 설명하였듯이, 전 세계적으로 기업의 ESG 경영

활동을 가이드하고 평가하는 기준의 Set가 600여 개가 넘는다고 한다. 기업이 환경·사회·지배구조 영역에서 관리하기를 이해관계자들이 기대하고 있는 항목들이다. 그중 S(사회) 영역에서는 주로 '사람'과 관련된 이슈를 이해관계자들이 기대하고 있다. 우리 회사에 근무하는 직원들, 협력사의 직원들, 지역사회의 주민들, 우리의 제품과 서비스를 이용하는 고객들. 기업 경영 과정에서 영향을 미칠 수 있는 다양한 사람들을 어떻게 보호해 줄 것인가가 S(사회) 영역에서의 핵심 목표라고 이해하면 되겠다.

이 책에서는 우리 직원들과 관련하여 회사가 관리해야 하는 항목들을, 많은 평가 기준 중에서도 한국 기업에 가장 직접적인 영향을 미치는 아래의 세 가지를 분석하여 정리·설명하고자 한다.

- K-ESG 가이드라인 : 한국 정부부처 합동으로 2021년 말에 공표된 ESG 기준으로, 한국 기업들이 기본적으로 관리하기를 가이드하는 지표이다.
- ESG 모범규준 : 한국기업지배구조원에서 주식 시장 상장기업의 ESG 경영 활동을 평가하여 주식 시장 이해관계자들에게 그 결과를 공표할 목적으로 적용하는 기준이다.
- GRIGlobal Reporting Initiatives Standards : 기업들이 비재무 영역의 활동 내용과 성과를 이해관계자들에게 공시하는 과정에서 적용하기를 제안하는 국제 기준이며, 대부분의 기업들이 지속가능경영(ESG) 보고서를 발간할 때 작성 기준으로 활용

하고 있다.

이상의 세 가지 ESG 평가·공시 기준에서 공통적으로 직원과 관련하여 기업이 관리하기를 기대하는 항목 15개를 추출하였다. 구체적으로 관리 항목에 대하여 설명하기에 앞서 강조하고 싶은 것은, 이 책에서 설명하는 15개의 관리 항목만 제대로 준수하면 직원 관련 ESG 지표관리가 충분한가에 대한 부분이다. 우리가 알고 있듯이 ESG 경영은 이해관계자들의 요구에 대응하는 활동이 그 본질이다. 그렇기에, 이해관계자에 따라서 직원 관련 관리를 요구하는 항목들에 차이가 생길 수밖에 없다. 이 책에서 소개하는 관리 항목 15개는 가장 기본적인 관리 항목을 제시하는 것임을 이해하는 것이 중요하다. 가장 기본적인 항목을 충실히 관리하면서 이해관계자별로 요구하는 관리 항목에 대한 대응 활동을 연결하는 단계별 대응이 필요하다는 점을 다시 한번 강조하고 싶다.

	직원 관련 ESG 관리 항목
1	인권을 보장하는 회사 차원의 정책이 있는가?
2	기업 내 인권 리스크에 대하여 평가·점검하는 활동을 하는가?
3	임직원들이 인권 관련 고충을 전달할 채널이 운영되고 있는가?
4	성별·종교·국적·장애 유무 관점에서 다양성을 고려한 고용 정책을 시행하는가?
5	사회 법·규제 위반 사건이 없고, 지속적으로 관리하고 있는가?
6	임직원들의 안전하고 건강한 근무 환경 조성을 위한 체계적인 관리를 하는가?
7	임직원들의 일과 생활의 균형을 위한 지원을 하고 있는가?

8	임직원 성장 발전을 위하여 교육훈련비 집행을 지속적으로 늘리고 있는가?
9	경력 보유 근로자들의 경력 관리를 지원하고 있는가?
10	임직원 삶의 질 제고를 위하여 복리후생비를 지속적으로 늘리고 있는가?
11	회사의 특성과 장점을 활용하여 전략적 사회 공헌 활동을 하는가?
12	사회·환경 문제 해결에 기여하는 임직원들의 자유로운 봉사 활동이 확대되는가?
13	기업 내 여성 구성원의 비율 확대를 위하여 지속적으로 노력하는가?
14	동일 직무, 동일 직급 내 여성 근로자들의 급여 형평성을 관리하는가?
15	기업 내 전반적인 차별 사건을 방지하고 이에 대한 조치를 적절하게 하는가?

1. 인권을 보장하는 회사 차원의 정책이 있는가?

2단계 방법론으로 설명한 '인권경영'과 관련된 관리 항목이다. 인권경영은 직원 관련 관리 활동의 출발이자 기반이기에, ESG 지표 관리 활동에서도 포함하여 한 번 더 요약해서 설명하고자 한다. 회사가 '인간으로서의 기본적인 권리' 보장을 위하여 UN의 '세계 인권 선언', '기업과 인권 이행 원칙', 'ILO 핵심 협약', 'OECD 책임 있는 사업을 위한 실사 가이드라인' 등에 기반하여, 인권경영 추진을 선언하는 대외·공식적 정책을 수립하고 공유하여야 한다. 이는, 회사가 모든 임직원이 철저하게 인권을 보장받을 수 있는 회사의 정책적 목표와 약속을 명문으로 정리하고 선언함과 동시에, 그 실천 과정을 지속적으로 관리해야 함을 의미한다.

인권은 크게 두 가지 범주로 구분한다고 한다. 첫째는 생명권, 자유권, 법 앞에서의 동등 및 표현의 자유 같은 시민적·정치적 권리이며, 둘째는 노동권, 식량권, 최상의 보건 기준권, 교육권, 사회 보장권 같은 경제적·사회적·문화적 권리이다. 회사는 직원들의 이러한 권리를 널리 보장하는 활동을 전개해야 하는 것이다.

구체적으로 회사가 실행해야 하는 활동들을 설명하면 첫째, 기업의 이해관계자들이 기업 내에서 준수되기를 기대하는 항목들을 기준으로 회사의 정책과 약속을 정리해서 천명한다. 여기에는 ①차별 금지 ②근로 조건 준수 ③인도적 대우 ④강제 근로 금지 ⑤아동 노동 금지 ⑥결사 및 단체 교섭의 자유 ⑦산업 안전 보장 ⑧지역 주민 인권 보호 ⑨고객의 인권 보호 항목들이 있다.

둘째, 인권 존중에 대한 회사의 약속을 모든 임직원과 공유하고, 실천 과정을 지속적으로 모니터링하고 개선해 나가야 한다. 홈페이지 및 사내 인트라넷을 통한 공유 및 직원 대상의 정기 교육이 가장 대표적인 관리 활동이라고 할 수 있다.

셋째, 회사 내 리더(임원, 조직 책임자)들이 인권 정책을 솔선수범하여 준수할 수 있도록 지속적인 교육과 점검 활동을 실행하여야 한다.

2. 기업 내 인권 리스크에 대하여 평가·점검하는 활동을 하는가?

회사가 약속한 인권 정책의 실효성 있는 점검과 개선을 통하여 사업 운영과 관련되어 있는 구성원(직접 고용 임직원, 협력사 근로자, 기타 사업장이 위치한 지역의 원주민 등)이 직면하거나, 또는 해당 구성원에게 잠재되어 있는 인권 리스크$_{Risk}$를 빠르게 발굴하고 개선해 나가야 한다는 것이다. 특히, 회사에서 직접 고용한 임직원뿐 아니라,

협력사의 근로자 및 사업장이 위치한 지역의 주민 등의 인권 보호를 위한 지속적인 위험 관리 및 개선 활동까지 이해관계자들이 기대하고 있음을 유의해야 한다.

회사가 구체적으로 실행해야 하는 활동을 설명하면(2단계 방법론 '인권경영'에서도 설명하였듯이) 첫째, 『진단 – 실사 – 개선』으로 연결되는 3단계의 인권 리스크Risk 관리 체계를 구축해야 한다. 진단은 인권 리스크Risk에 직면해 있거나 잠재적 위험이 있는 사업 운영 단위 또는 구성원을 파악(지역별, 직무별, 직급별, 내부 또는 외부 등)하는 활동으로, 일반적으로 서면 또는 온라인 형태의 질의를 통해서 진행한다. 실사는 진단을 통해 확인한 잠재·직면 위험 중 사업적·사회적으로 상당한 영향을 끼치는 고위험 리스크Risk를 직접 확인하는 활동으로, 일반적으로 현장에서 문서 등 자료 검토, 관련 구성원 인터뷰 방식으로 진행한다. 개선은 실사를 통해 확정한 인권 리스크Risk에 대한 직접적인 개선을 하는 것이며, 일반적으로 단기 과제와 중장기 과제로 구분하여 단계별 개선 활동을 진행하게 된다.

둘째, CEO의 강력한 리더십과 조직 책임자들의 주도적 참여를 통하여 실제적인 리스크Risk를 발굴·개선할 수 있는 체계를 구축해야 한다.

셋째, 관리 활동의 과정과 개선 결과 등은 임직원들에게 즉시 공유하고 설명하여, 전사적인 인권 존중 풍토를 조성하는 활동까지 연결되어야 한다. 더 나아가 이해관계자들에게도 정확하게 설명되어야 한다. 많은 기업이 발간하고 있는 지속가능경영(ESG) 보고서를 살펴보면, 회사가 인권 보장을 위하여 실행하는 진단 활동에 대해서는 비교적 정확하게 설명하고 있다. 하지만, 구체적으로 어떤 리스크가 발견되어서 어떻게 개선했는지에 대해서는 설명하지 않는 경우가 많은 것 같다. 물론, 기업의 입장에서 구체적인 내용을 외부에 설명하는 것이 쉽지 않다는 점은 이해되는 측면이 있긴 하지만, 보고서를 발간하는 목적을 생각해 보면 개선의 필요성은 충분하다고 할 수 있다.

3. 임직원들이 인권 관련 고충을 전달할 채널이 운영되고 있는가?

회사가 임직원들이 직면한 인권 이슈를 파악하기 위해 다양한 방식의 고충 처리 채널을 운영해야 한다는 것이다. 이 항목도 인권 정책의 수립·실행과 마찬가지로, 회사에서 직접 고용한 임직원뿐 아니라, 협력사의 근로자 및 사업장이 위치한 지역의 주민 등을 대상으로 폭넓게 제공될 수 있도록 회사가 반드시 관리해야 한다.

구체적인 실행 방안을 설명하면 첫째, 회사의 상황과 인프라를 감안하여 자사 근로자를 포함한 모든 이해관계자가 접근할 수 있는 다양하고 편리한 고충 처리 채널을 개발하여 운영해야 한다. 별도의 포털을 구축하거나 홈페이지 내에 신문고 기능을 신설하고 대표 이사에게 직접 고충을 얘기할 수 있는 Hot-line을 구축하는 방법들이다.

둘째, 채널을 통하여 접수된 고충 사항에 대해서는 비밀을 보장하면서 빠른 시간 내에 사실 관계를 확인하고 개선·조치한다. 그리고, 해당 조치 결과를 임직원들에게 빠르게 공유하고 알려주는 피드백 활동을 연결한다.

셋째, 일련의 개선 결과를 종합하여, 회사 차원의 제도·시스템 개선이 필요한 부분은 즉시 실행하고, 이해관계자들의 이해와 참여가 필요한 부분은 빠르게 홍보하여 재발을 방지할 수 있는 시스템을 구축하는 것이 필요하다.

넷째, 많은 공기업에서 실행하고 있듯이 기업 내부 인원이 아닌 외부인을 회사가 '인권 심사관'으로 임명하여 객관적이고 공정하게 기업의 인권경영 실태를 점검하도록 하는 활동도 필요하다.

4. 성별·종교·국적·장애 유무 관점에서 다양성을 고려한 고용 정책을 시행하는가?

회사가 성별·장애·성적 지향·연령·인종·출신 지역·학력 등을 이유로 채용, 승진 등의 과정에서 근로자를 차별하지 않고, 동등하게 대우해야 한다는 것이다. 회사는 우선적으로 청년, 여성, 장애인, 고령층 등 사회 취약 계층을 고려한 적극적인 고용 계획을 수립·공개하고, 이를 준수하여야 한다. 특히, 법적으로 의무 사항인 장애인 고용에 대하여 아직 많은 한국 기업이 채용보다는 의무 분담금으로 해결하는 상황에서 이에 대한 특별한 관리가 필요하다고 할 수 있다.

회사는 아래의 항목을 기준으로 고용 및 지원 정책을 수립하고 실행해야 한다.

- 사회 취약 계층을 고려한 적극적인 고용 계획을 수립하고 공개
- 상시적이고 지속적인 업무에는 기간의 정함이 없는 근로자를 채용하도록 노력
- 고용 관련 지표 설정 및 실적 공개(취약 계층 고용 비율, 성별 임금 비율, 직급별 남성 및 여성 비율, 임시직 비율, 이직률 등)
- 성별 및 고용 형태에 대한 차별 없이 '동일 가치 동일 임금' 원칙 적용
- 임금 근로자 평균 임금, 생활비, 사회 보장 급여를 비롯한 이전 소득 등을 반영하여 적정 임금을 지급하도록 노력

또한, 관련 법령의 변화(최저 임금 조정 등) 등을 밀착 모니터링하면서, 지속적인 관리를 할 수 있어야 한다.

5. 사회 법·규제 위반 사건이 없고, 지속적으로 관리하고 있는가?

회사가 재화와 용역을 제공하는 과정에서 준수해야 할 법·규제 요건을 명확하게 인식하고, 법·규제 리스크_{Risk} 해결을 위한 철저한 관리를 하고 있는지 확인하는 문항이다. 제1장 'ESG 경영 시대'에서 설명하였듯이, 법적 책임은 기업이 경제적 책임 다음으로 우선 충족

시켜야 하는 중요한 책임이다.

일반적으로 기업이 경영 활동 과정에서 준수해야 할 사회 영역의 법률은 「근로기준법」, 「고용상 연령차별금지 및 고령자고용촉진에 관한 법률」, 「산업안전보건법」, 「중대재해 처벌 등에 관한 법률」, 「소비자보호법」 등을 얘기할 수 있으나, 산업별로 추가로 준수해야 하는 법률들이 많고, 지속적으로 내용이 개정되고 있음은 이미 우리가 알고 있는 것이다.

이러한 법률과 관련하여 CEO의 강력한 의지를 바탕으로 유관 부서 책임자들이 참여하는 점검 회의 등을 통하여 실제적인 관리가 가능해지도록 해야 한다. 또한, 위반 사례 발생 시 빠른 사후 조치와 함께 재발 방지 대책을 수립·실행하고 이해관계자(직원)들에게 그 내용을 정확하게 알려주는 활동도 중요하게 관리해야 한다.

6. 임직원들의 안전하고 건강한 근무 환경 조성을 위한 체계적인 관리를 하는가?

기업이 자사 및 협력사 근로자에게 안전하고 건강하게 일할 수 있는 근무 환경을 제공하는지 여부를 점검하는 항목이다. 특히, '중대재해기업 처벌법' 발효 등 관련 법령이 강화됨에도 불구하고 산업 현장의 안전사고 발생이 계속되고 있는 상황을 감안하여 회사는 보다 철저하고 지속적으로 이를 관리할 필요가 커지고 있다. (근로자의 신체적 안전과 편의, 정서적 안정, 심리적 안정에 최적화된 근무 환경이 제품과 서비스의 질 향상, 생산성 증대 및 근로자의 사기 진작 등을 가능하게 한다는 인식이 우선적으로 필요.)

이의 관리를 위하여 아래의 항목을 기준으로 회사 내 관리 체계를 점검하고 지속적으로 개선해야 한다.

- 산업 안전 보건 경영 방침 수립, 이에 기초한 구체적 목표 및 평가 체계 수립
- 전담 관리 체계(전담자 지정) 구성
- 산업 재해와 건강 장해를 예방하기 위한 종합적인 대책 수립 및 실행
- 산업 재해 관련 근로자가 정당하게 행사한 권리에 대해 어떠한 불이익도 방지
- 안전 보건과 관련해 발생한 비용을 근로자에게 전가 금지
- 제반 위험 및 문제를 기록·조사하고 조치
- 비상 대피 절차, 근로자 훈련 시행 등을 통하여 발생 가능한 피해를 최소화
- 건강 장해 발생 시 치료 및 상담을 지원

또한, 수시로 개정·변경되는 법령의 변화를 밀착 모니터링하고 기업 경영에 즉시 반영해야 하는 것은 너무나도 당연한 얘기가 될 것이다.

7. 임직원들의 일과 생활의 균형을 위한 지원을 하고 있는가?

직장인들의 최대 화두 중 하나는 '워라밸Work & Life Balance, 일·생활 균형'일 것이다. 기업의 이해관계자들 또한 이 부분에 대하여 중요하게 여기고 기업의 역할을 기대하고 있다. 그렇기에, 이 항목은 이해관계자들의 기대 충족은 물론이고 MZ 세대를 중심으로 우리 직원들의 기대가 높아지고 있다는 점을 감안할 때 미래 경쟁력 확보의 기반이 될 수 있다는 점을 명확히 인식하고 적극적으로 관리할 필요가 있는 항목이다.

회사는 다음의 영역에서 임직원을 위한 제도(프로그램)가 충분한지를 점검하고 지속적으로 실행해야 한다.

- 업무 방식 변화, 저출산 및 고령화 등 인구 구조 변화와 전염병 및 감염병과 같은 질병 위기 상황 등에 적극적으로 대응
- 근로자가 신뢰와 협력 속에서 근무할 수 있는 환경을 조성하고 근무 성과와 직무 만족이 조화를 이룰 수 있도록 노력
- 장시간 노동 관행과 조직 문화를 타파하고 유연한 근무 환경을 조성하기 위해 노력
- 이러한 제도는 고용 형태와 관계없이 모든 근로자에게 포괄적으로 적용

또한, 실행 중인 제도(프로그램)에 대한 임직원들의 반응과 의견

을 지속적으로 확인하고 개선하여 임직원 만족도를 제고할 수 있어야 한다.

일·생활 균형과 관련하여 기업들이 우선적으로 참고하여 활용할 수 있는 제도는 '가족친화 인증 제도'이다. 여성가족부가 가족친화 경영 확산의 일환으로 「가족친화 사회환경의 조성 촉진에 관한 법률」 15조에 의거해 시행하고 있는 사업이며, 2021년 말 기준으로 4,900개 이상의 기업들이 인증을 획득하였다. 인증 과정에서 우리 회사가 직원들의 일·생활 균형을 위해 도입·운용하는 제도들에 대하여 전문가로부터 지도를 받을 수 있는 점이 가장 큰 장점이라고 할 수 있다.

8. 임직원 성장 발전을 위하여 교육훈련비 집행을 지속적으로 늘리고 있는가?

회사가 미래 경쟁력 및 지속가능성 확보를 위해 직원의 교육 및 훈련에 얼마나 투자하고 있는지를 확인하는 문항이다. 최근 3~5년 동안의 임직원 1인당 교육훈련비 집행 내역을 관리하고 지속적으로 개선할 수 있도록 노력해야 한다.

구체적으로는 회사 차원에서 임직원 대상의 교육훈련 체계를 수립하고 지속적으로 관리하고, 직무 수행 역량 개발을 위한 교육뿐 아니라, 임직원들의 '삶의 질 제고'를 위한 다양한 교육 프로그램도 개발하고 제공해야 한다.

운영 과정에서 회사 전체의 비용 관리와 함께, 부서(조직)별 교육훈련비를 배정하고 조직 책임자가 관리하는 시스템을 구축할 필요도 있다. 또한, 우수 인재의 영입과 유지를 위해서는 동종 업계 경쟁기업의 교육훈련비 집행 현황도 모니터링하여 개선 활동을 실행해 나가야 한다. 특히, 성별·조직별·직군별로 교육훈련비의 불평등이 발생하지 않도록 각별한 관리가 필요하며(회사 내 주요 직군 직원들에게 교육훈련비 집중 투자 등을 경계), 변화하는 직원들의 Needs를 빠르게 충족할 수 있는 교육훈련 프로그램을 지속적으로 개발·제공해야 한다.

9. 경력 보유 근로자들의 경력 관리를 지원하고 있는가?

경력 보유 근로자라 함은 경력 면에서도 역량이 있고 근로 의사를 보유하고 있으나, 현재 경력이 단절된 근로자를 의미한다. 기존에는 '경력단절經歷斷絶'이라는 용어를 많이 사용하였으나, 용어의 부정적 의미 때문에 요즘은 경력 보유라는 단어로 바꾸어 사용하고 있는 추세이다. 회사는 임직원들이 경력 단절로 인한 어려움을 극복할 수 있도록 지원하고, 지속적 고용을 촉진할 수 있도록 다양한 전환지원 프로그램을 개발하여 제공해야 한다.

우리나라는 지금 평균 수명의 연장 등으로 개인 차원에서 지속적인 경력 개발이 필요하며, 저출산 풍토와 맞물려 생산 가능 인구의 확보가 기업 경영의 중요한 변수가 될 수 있는 상황이라는 점을 감안할 때, 보다 적극적으로 회사에서 이 항목을 관리할 필요가 있다고 할 수 있다.

정년퇴직자를 포함한 비자발 퇴직자들에 대하여 법에서 정한 '재취업 지원 서비스'를 우선적으로 개발하고 제공해야 한다. (고령자고용촉진에 관한 법률 : 50세 이상의 비자발 퇴직자에게 소정의 재취업 지원 서비스를 제공해야 한다.) 또한, 회사를 이미 퇴직한 경력 단절 직원을 대상으로 재고용 역량 제고를 위하여 필요한 조치를 검토하고, 재취업 등을 적극적으로 지원해야 한다.

더 나아가, 회사의 사회 공헌 활동과 연계하여 지역사회의 경력 단절 여성 등 취약 계층 인원에 대한 적극적인 고용 증대 노력을 기울인다면 더욱 좋겠다. (이 부분에 대한 상세한 설명은 '제4장 SPSC 방법론 – 4. 생애관리 경험' 부분을 참고)

10. 임직원 삶의 질 제고를 위하여 복리후생비를 지속적으로 늘리고 있는가?

회사가 임직원의 업무 환경 및 근무 조건 개선을 통해 직원 만족도를 높이고 있는지를 점검하는 항목이다. 법률상 강제성이 있는 법정 복리후생비는 물론이고, 회사가 자발적으로 집행하는 법정 外 복리후생비를 집중적으로 점검하고 개선해 나갈 필요가 있다. 이를 위하여 최근 3~5년 동안의 임직원 1인당 복리후생비 집행 내역을 관리하고 모니터링하면서 지속적으로 개선하는 활동을 전개해야 한다.

구체적으로는 법에서 강제하고 있는 법정 복리후생을 충실히 제공하고 있는지 우선적으로 확인하여 법적 문제가 발생되지 않도록 해야 한다. 추가적으로 회사가 임직원의 삶의 질 제고를 위하여 집행하는 복리후생비의 비용 규모와 내용을 관리하면서 특히, 최근에 급증하는 임직원들의 '워라밸' 기대에 부응할 수 있도록 임직원들의 생애 주기 관리와 임직원 가족들을 위한 복리후생 제도들의 적극적인 도입과 제공이 필요하다.

더 나아가 우수 인재의 영입과 유지를 위해서는 동종 업계 경쟁 기업의 복리후생비 집행 현황도 모니터링하여 개선 활동을 실행해 나갈 필요가 있다. (홈페이지, 사업 보고서 등 확인)

11. 회사의 특성과 장점을 활용하여 전략적 사회 공헌 활동을 하는가?

이 항목은 직원과 직접적으로 관련된 관리 항목은 아닐 수 있으나, '사람'을 챙긴다는 S(사회) 영역의 목적을 감안하고, (특히, 한국의) 이해관계자들의 기대가 높은 점을 감안하여 중요하게 관리할 필요가 있다는 관점에서 제시하는 것이다.

회사가 지역사회 일원으로서 공동의 환경·사회 문제 해결에 필요한 활동에 앞장서는 등 전략적 사회 공헌 활동을 추진하고 있는지를 확인하는 문항이다. 단순한 사회 공헌 비용의 증가가 목표가 아니며, 회사가 전략적인 목표를 가지고 체계적으로 지역사회 공헌 활동을 수행할 수 있도록 관리해야 함을 의미한다.

이를 위하여 첫째, 우리 회사의 '전략적 사회 공헌' 방향을 수립해야 한다. 이는 특정한 목적과 방향성을 가지고 사회 공헌을 추진할 수 있으며, 해당 목적과 방향성을 달성하기 위한 방안이 구체화되는 것을 의미한다. 사업 운영 방식, 고객 관계 및 형태(B2C, B2B) 등을 반영한 사회 공헌 비전을 수립하고 선택과 집중 관점에서 사회 공헌 분야의 전략적인 결정, 그리고, 회사의 '대표 사회 공헌 프로그램'을 개발하는 활동이 포함된다.

둘째, 이렇게 수립된 회사의 사회 공헌 전략을 임직원들과 공유하고, 실천 의지를 제고하는 활동을 전개해야 한다.

셋째, 수립된 계획에 따라 지속적으로 사회 공헌 활동을 실행하면서, 활동의 효과성·수혜자들의 만족도 등을 확인하고 개선해 나가는 관리가 필요하다.

12. 사회·환경 문제 해결에 기여하는 임직원들의 자유로운 봉사 활동이 확대되는가?

회사의 임직원들이 세계 시민으로서 사회적·환경적 문제 해결에 참여할 수 있는 기회를 제공하여 만족도를 제고하자는 항목이다. 회사는 임직원들의 자발적인 참여를 보장함과 동시에, 다양한 인센티브 제도와 지원 프로그램을 통하여 임직원들의 봉사 참여가 활성화되도록 관리해야 한다. 특히, 사회적 문제 해결에 직접 참여 의지가 높은 MZ 세대의 특성을 감안할 때, 향후 기업 경쟁력의 중요 요소로 대두될 과제로 인식하는 것이 중요하겠다.

이를 위하여 임직원들의 Needs와 기대를 반영하여 봉사에 참여할 수 있는 회사 차원의 프로그램을 개발해야 한다. 금전적 기부, 노력 봉사, 재능 봉사 등 다양한 방식으로 누구나 참여할 수 있는 기회를 제공하는 것이다. 그리고, 임직원 대상으로 참여가 가능한 프로그램과 기회를 적극적으로 홍보하고, 봉사 참여를 희망하는 임직원들이 자유롭게 봉사할 수 있도록 필요한 지원 방안을 회사 차원에서 제공해야 한다. 활동 시간의 배려, 비용 지원, 리더의 격려, 다양한 인센티브 제도 등이 그러한 지원 방안이 될 것이다. 또한, 봉사 활동에 대한 성과를 지속적으로 확인하고 개선하면서, 회사 차원의 성과 지표를 관리해 나가야 한다. (전체 봉사 시간, 전체 참여 인원, 1인당 봉사 시간, 수혜자 만족도 등)

임직원들의 봉사 참여와 관련하여, 내가 기업의 CSR 현장에서 직접 경험한 사례를 소개하고 싶다. 당시 국내 대기업 중 한 곳에서 임직원들의 연간 봉사 시간을 관리하여 인사 평가에 반영하는 활동을 전개했다. 회사 입장에서는 임직원 봉사 시간이 지속적으로 증가되기에 지속가능경영(ESG) 보고서에 활용하기 좋은 제도였지만, 임직원 입장에서는 봉사 활동에 대한 의지가 없는 상태에서 평가에서 불이익을 받지 않기 위하여 억지로 봉사해야 하는 경우도 발생하였다. 해당 기업의 봉사자가 다녀간 보육원에서 들은 사례 중에는 봉사 시간 4시간 동안 보호 아동들 놀이터에서 흡연만 하다가 돌아간 직원도 있었다는 믿기 어려운 얘기도 있었다. 회사가 ESG 평가를 잘 받으려면 임직원들의 봉사 시간 관리가 필요할 수 있다. 다만, 봉사 활동은 억지로 할 수 없는 것이다. 그리고, 항상 상대방(취약 계층)이 있는 활동이다. 이러한 특성을 반드시 감안하여 임직원들의 자발성과 진정성을 최대한 살릴 수 있는 봉사 프로그램 및 제도 개발이 필요하다는 것을 강조하고 싶다. 봉사 시간에 대한 관리 제도를 만들 때 봉사 활동에 대한 의향이나 의지가 없는 직원들이 참여할 수 있는 '기부 프로그램'을 같이 만들어 주고 그 실적을 통합적으로 관리하는 활동이 필요하다.

13. 기업 내 여성 구성원의 비율 확대를 위하여 지속적으로 노력하는가?

회사의 중장기적 성장 및 새로운 사업 기회 발굴에 필요한 창조적이고 혁신적인 조직 문화를 위해 모든 직급의 구성원 다양성이 관리되고 있는지를 확인하는 문항이다. 특히, 인구 구조적 상황 및 사업 특성 등을 고려하여, 다수의 다양성 기준 중 성별에 따른 다양성 현황을 이해관계자들이 우선적으로 확인하고 있음을 반드시 유의해야 한다.

이를 위하여, 우선 회사 내 여성 근로자들의 현황을 조직별·직급별로 정확하게 파악해야 한다. 그리고, 여성 인재 채용 확대를 위한 전략적인 계획을 수립하고 실행하며, 채용뿐 아니라 근무 과정에서 여성 인재들이 육성될 수 있도록 다양한 자기 계발 및 직무 역량 향상 기회를 제공해야 한다.

또한, 여성 인재들이 근속하는 데 어려움을 겪는 조직 내 다양한 장애 요인(육아 근로자들의 시간 사용 제약 등)을 지속적으로 발굴하여 개선해 나가는 활동도 필요하다. 그 과정에서 회사 내 상위 계층의 여성 비율을 늘리는 것이 가장 중요하다고 할 수 있다. 여성 직원들이 미래의 자기 모습으로 벤치마킹Bench Marking할 수 있는 Role-Model이 될 수도 있고, 상위 직급자들의 직접적인 멘토링Mentoring과 코칭Coaching을 통하여 여성 직원들의 역량 개발을 이끌어낼 수도 있기 때문이다.

14. 동일 직무, 동일 직급 내 여성 근로자들의 급여 형평성을 관리하는가?

회사가 다양성 측면에서 소수 계층·사회적 취약 계층·기타 단순한 신체적 차이를 사유로 급여 지급에 차별을 두는 인사 제도, 고용 관행이 있는지를 확인하는 문항이다. '여성 1인 평균 급여액'을 '남성 1인 평균 급여액'과 비교하여 지속적으로 개선해 나가야 한다. 참고로 정부에서 제안하는 K-ESG 가이드라인에서는 성별 차이에 따른 급여액의 차이를 10% 미만으로 관리할 것을 권고하고 있다.

이를 위하여, 회사 임직원 중 평균 급여액 미만을 받는 집단을 대상으로 성별 평균 급여액을 산출하고, 상대적인 비율을 확인해야 한다. 그 결과를 바탕으로 급여액이 적은 집단에 대한 개선 방안을 적극적으로 탐색하여 실행하고, 우수 인재의 영입과 유지를 위해서는 동종 업계 경쟁 기업의 급여 수준도 지속적으로 모니터링하여 개선 활동을 실행해 나갈 필요가 있다. (홈페이지, 사업 보고서 등 확인) 추가적으로, 다양성 범주를 '성별'로만 한정하지 않고 연령·민족·인종·국적·정치적·종교적·사상적 배경 등에 따라 차별이 생기지 않도록 점검하고 관리해야 한다.

15. 기업 내 전반적인 차별 사건을 방지하고 이에 대한 조치를 적절하게 하는가?

회사가 조직 내에서 발생한 각종 차별 사건에 대하여 구체적으로 어떤 조치를 실행하고 있는지를 점검하는 항목이다. 회사는 다양한 임직원들이 서로의 다름을 인정하고 존중하는 조직 문화를 통하여 최고의 성과를 창출할 수 있는 조직이기에, 모든 구성원이 성별·인종·나이·가치관·취향 등에 구분 없이 존중받으면서 일할 수 있는 풍토를 조성해야 하며, 그 과정에서 발생하는 차별 사건에 대해서는 빠르고 신속한 조치를 해야만 한다.

이를 위하여, 취업 규칙 및 인권 정책에서 '차별 금지'를 회사의 정책적 목표로 천명하고, 이를 임직원들에게 지속적으로 교육하는 활동부터 시작해야 한다. 법에서 규정한 의무 교육(성희롱 예방 등)을 통하여 회사 내에서 지속적으로 차별 금지 준수를 독려하고 점검하는 것이다.

또한, 차별 사건 발생 시 회사가 조치할 수 있는 관리 체계를 수립하고, 이를 철저히 실행하여 빠른 조치와 개선이 가능하도록 해야 한다. 특히, CEO의 강력한 의지를 바탕으로 리더(조직 책임자)들의 인식과 솔선수범이 반드시 필요하므로, 이에 따른 변화관리를 우선적으로 실행하는 것이 중요하다.

직원 참여형 ESG 관리

2022년 초에 한 중견 기업 직원 대상으로 ESG 교육 과정을 운영했었다. 400명 이상의 직원을 몇 개 차수로 나누어서 ESG의 개념과 필요성을 설명하고, 회사가 실행하고 있는 ESG 경영 활동을 설명하는 교육이었다. 그리고, 교육 말미에 현장에서 직원들이 생각하는 우선 실행(개선)이 필요한 ESG 이슈를 토론하고 이의 실행 방안을 논의하는 것으로 마무리하였다.

이 기업은 국내 자동차 회사에 부품을 납품하는 중견 기업이었고, 고객사가 가장 중요하게 관리하는 '탄소 배출 저감 활동'을 핵심 ESG 과제로 실행하고 있었다. 또한, 사회(S) 영역에서는 지역사회에 대한 사회 공헌 활동을 전략적으로 실행하고 있었다. 하지만, 토론의 결과 400여 명의 임직원들이 우리 기업에서 우선 실행이 필요하다고 제안한 과제는 바로 '인권경영'이었다. 구체적으로는 직원들의 인격을 존중하는 언행이 우리 회사에 가장 필요하다는 의견이 많았다. (현장에서 리더들이 욕을 하지 않아야 한다, 외국인 근로자들을 무시하는 언행을 없애야 한다 등)

나는 이 사례가 우리 기업의 현실을 대변하고 있다고 생각한다. 회사가 이해관계자들이 중요하게 요구하는 탄소 중립 목표 달성 활동과 협력사와의 동반 성장 활동을 집중적으로 실행하는 것은 당연하다. 그리고, 외부의 ESG 평가에 긴밀하게 대응하여 회사의 평판 관리를 잘하고, 1년에 한 번씩 지속가능경영(ESG) 보고서를 제작하여 이해관계자들에게 설명하는 활동도 중요하다. 그러나, 일련의 ESG 활동이 기업 내부의 현장과 괴리되어 있다면 이것은 심각한 문제인 것이다. 이것은 이 책에서 제안하는 '직원 중심의 ESG 경영'의 지향점과도 맞닿아 있는 얘기이다. 그렇기에, 이해관계자들이 기대하는 ESG 지표관리를 해 나가는 과정에서 아래의 두 가지 활동을 반드시 포함해서 진행하기를 제안한다.

① 우리 회사 직원들이 우선적인 개선과 실행이 필요하다고 생각하는 과제부터 관리해 나가야 한다.
② 회사의 ESG 과제 중에서 직원들이 실천할 수 있는 과제를 직원들이 주도적으로 실천할 기회를 제공해 주어야 한다.

①번 활동과 관련하여, 기업들은 지속가능경영(ESG) 보고서를 제작하거나 ESG 전략을 수립하는 과정에서 '중대성 분석_{Materiality Analysis}'을 진행한다. 우리 기업의 외부 이해관계자들이 중요하게 생각하는 ESG 이슈와 회사 경영 차원에서 중요한 ESG 이슈를 분석하여 가장 중요한 과제를 도출하는 작업이다. 이 과정에서 Opinion Survey 등

을 통하여 직원들의 의견을 일부 반영하기는 하지만 많이 부족한 것 같다. 보다 적극적으로 직원 대상의 FGI_Focused Group Interview나 앞의 사례와 같이 교육 과정에서의 직원 토론 등을 통하여 직원들이 중요하게 생각하는 ESG 이슈를 확인하고 ESG 전략에 반영하는 활동이 반드시 필요하다.

회사가 어느 ESG 평가에서 우수 등급을 획득했고 사회(S) 영역에서도 우수한 경영 활동을 인정받았다는 언론 보도는 나오는데, 정작 현장에서 일하고 있는 직원들이 기본적인 '인권'에 대한 불편함을 가지고 있거나 근로 조건에 대한 불만을 품고 있다면, 결국 기업의 ESG 활동을 왜곡해서 인식할 가능성이 높아지게 된다. 대외적인 홍보만 잘한다는 인식이 확산될 수 있다는 것이다. ①번 활동을 통하여 이러한 위험성도 예방함과 동시에 ESG 경영이 종국적으로 지향하는 '건강하고 멋진 일터'를 직원들과 같이 만들 수 있어야 한다.

②번 활동은 '직원 참여형 ESG 과제 해결'이다. 우리가 많이 얘기하는 사자성어는 아니지만, 줄탁동시啐啄同時라는 사자성어가 있다. 알에서 병아리가 나오는 과정에서 병아리가 안에서 껍질을 부리로 쪼는 것을 '줄啐'이라 하고 어미 닭이 그 소리에 반응해서 바깥에서 껍질을 쪼는 것을 '탁啄'이라고 한단다. 이 '줄탁啐啄'은 어느 한쪽의 힘이 아니라 동시에 일어나야만 병아리가 세상 밖으로 나올 수 있고, 만약에 껍질 안의 병아리가 힘이 부족하거나, 반대로 껍질 바깥에서 어미 닭의 노력이 함께 이루어지지 않는다면 병아리는 끝내

세상의 빛을 보지 못하게 되는 것이라는 의미의 사자성어이다. 기업의 혁신 활동도 마찬가지이고, ESG 경영 활동도 같다고 할 수 있다. 물론, 대부분의 ESG 관리 활동은 회사 차원의 정책적 결정이나 제도 도입 등을 통하여 해결되어야 한다. (탄소 중립을 위한 신재생에너지 도입, 가족친화 제도 도입 등) 하지만, 임직원들의 이해와 참여 없이 회사가 목표로 하는 ESG 경영을 실현할 수는 없다.

회사와 리더 주관의 Top-down 활동과 임직원들의 자발적인 Bottom-up 활동이 병행되어야만 소기의 목표 달성을 할 수 있는 것이다. 임직원들이 실천할 수 있는, 임직원들의 참여가 필요한 과제들을 회사의 상황에 맞게 도출하고 이를 중심으로 임직원들의 활동 기회를 제공하는 것이 반드시 필요한 이유이다.

우리 임직원들의 참여와 실행을 연결할 수 있는 과제는 회사마다 다를 수 있겠지만, 일반적인 관점에서 정리해 보면 다음과 같은 과제가 될 수 있을 것이다.

		임직원 실행이 가능한 ESG 과제
환경	1. 에너지 절약	일상의 업무 과정에서 전기를 포함한 모든 에너지의 사용을 최대한 절약하여 환경 보전에 기여한다.
	2. 용수 절약	물水 부족 사태를 예방하기 위하여 내가 사용하는 한 방울의 물도 절약하여 유한한 자원의 한계 극복에 기여한다.
	3. 폐기물 저감	사무실 및 현장에서 발생하는 쓰레기의 배출을 최소화하고, 재활용 등을 강화한다.
사회	4. 인권 존중	직장 내 모든 동료의 인권을 존중하기 위하여 차별적 행동, 인격 모독 등의 언행을 자제하고 서로 배려한다.
	5. 성희롱 및 괴롭힘 예방	법에서 금지하는 성희롱 및 괴롭힘을 어떠한 경우에도 행하지 않고, 직장 내에서의 발생 사례에 대해서도 스스로가 감시 역할을 강화한다.
	6. 역량 개발	기업의 성과 창출과 직업인으로서의 개인 비전 달성을 위하여 전문 역량을 지속적으로 개발하고 스스로 육성한다.
	7. 산업 재해 예방	사무실 및 현장에서의 업무 수행 과정에서 본인과 동료의 생명과 안전 보장을 위하여 안전 규칙을 철저히 준수한다.
	8. 사회 공헌(봉사 등)	취약 계층 보호, 환경 보호 활동 등 지역사회가 가진 문제를 해결하는 과정에 다양한 방식으로 참여하고 기여한다.
지배 구조	9. 윤리 규정 준수	회사가 제정한 윤리 규정과 취업 규칙에서 가이드하는 제반 규정을 자발적이고 지속적으로 준수한다.
	10. 공정 경쟁	업무 수행 과정에서 고객사, 공급 업체, 경쟁 업체 및 고객들에게 윤리적으로 행동하고 공정한 거래를 이행한다. (담합 등 금지)

앞의 과제들을 살펴보면, 공통점이 있다. 회사에서 아무리 좋은 제도를 만들어 놓아도 현장의 직원들이 실천하지 않으면 안 되는 것들이다. 윤리 경영, 산업 재해 예방, 성희롱 예방 등이 그렇지 않은가? 그렇기에, 우리 기업들이 이해관계자들이 기대하는 ESG 관리 활동을 실행하는 과정에서 임직원들이 주도적으로 실천할 수 있는 분위기를 조성하고, 그들을 실천의 주역으로 육성하는 것이 반드시 필요하다고 하는 것이다. (이 부분에 대한 상세한 설명은 '제4장 SPSC 방법론 - 1. ESG 변화관리' 내용 참조)

생애관리 경험

지금까지 살펴본 이슈들은 일부 '긍정적 이슈'가 포함되어 있지만, 대부분은 우리 기업에게 문제가 생기지 않도록 관리되어야 하는 '부정적 이슈'들이다. 우리 기업 입장에서는 이러한 부정적 이슈가 문제되지 않도록 관리하는 수준의 활동으로는 미흡하다. 날로 치열해지는 시장의 경쟁 상황에서 최고의 성과를 창출하기 위해서는 직원과 관련된 '긍정적 변화'를 반드시 추구해야만 하는 상황이기 때문이다.

『최고의 인재들이 업무에 몰입하여 차별화된 고객 가치를 창출해 나가는 조직』이 기업의 HR이 종국적으로 추구하는 모습일 것이다. 이 관점에서 지금 한국의 기업들이 가장 관심을 갖는 이슈가 '직원 경험EX, Employee eXperience'인 것 같다. 기업 성과 창출 과정에서 탁월한 '고객 경험CX, Customer eXperience'을 가능케 하는 전제 조건이 바로 탁월한 직원 경험이기에, 거의 모든 기업이 차별화된 직원 경험을 창출하기 위한 노력들을 활발히 전개하고 있다.

직원 경험의 개념

직원 경험은 일반적으로 '직장 내에서 직원들이 겪는 생애 주기상의 모든 경험'을 지칭하는 개념이다. 다양한 경험을 하는 과정에서 긍정적 경험은 강화하고, 부정적 경험은 제거해 주는 것이 HR의 관리 목표가 된다.

직원 경험의 전문가인 제이콥 모건Jacob Morgan은 기업이 직원들을 관리하고 지원하는 목표가 4단계로 발전해 왔다고 설명한다.[4] 먼저, '유용성'을 관리했다. 직원들이 회사에서 일하기 위하여 필요한 것을 지원해 주는 것이다. 기초적인 도구로써 책상·의자·전화기·컴퓨터 등의 지원을 통하여 직원들이 회사가 지시한 업무를 충실하게 수행하도록 하는 수준이다. 그 이후, '생산성'에 주목하였다. 주어진 일을 직원들이 보다 빠르게 그리고 더 잘하도록 관리하는 것이다. 업무 프로세스를 최적화하고 이에 필요한 개선 활동을 실행하는 수준이다. 하지만, 시장의 경쟁이 보다 치열해지면서 단순한 생산성 향상을 넘어 '몰입'을 추구하게 된다. 어떻게 하면 직원들이 주어진 업무에 몰입하여 스스로 탁월한 성과를 내도록 할 것인가에 대한 고민과 지원이 이루어지는 수준이다. 이러한 단계를 거친 후 지금은 '직원 경험'을 추구한다는 것이다. 한 마디로 얘기하면, 긍정적 경험을 보다 많이 하기 위하여 회사에 출근하고 싶어 하도록 만들어야 한다는 것이다. 그러면서, 직원 경험을 관리하는 세 가지 환경으로 물리적 환경, 기술적 환경, 문화적 환경을 제시하고 있다.

- 물리적 환경은 직원들이 실제로 일하는 공간이며, 직원 경험의 30%를 차지한다. 벽에 걸려 있는 액자부터 회사가 제공하는 식사, 직원들 자리의 칸막이, 개방형 레이아웃 등이 모두 해당된다.
- 기술적 환경은 업무 수행 과정에서 사용하는 일체의 기술을 포함한다. 우리는 기술을 사용해서 의사소통하고, 협업하고, 실제 업무를 수행하고 있다. 이 도구가 제대로 지원되지 않거나 불편하면 직장 내 관계 및 거의 모든 것이 무너지게 된다.
- 문화적 환경은 물리적, 기술적 환경과 달리 우리가 볼 수도, 만질 수도, 맛보거나 냄새를 맡을 수도 없다. 단지, 느낄 수 있는 영역이다. 출근하기 싫을 때의 짜증 나는 느낌, 출근하고 싶을 때의 두근거리는 마음과 같은 것이다. 조직의 분위기나 느낌들이 이 영역이다.

직원 경험의 지향점

직원 경험을 제대로 제공하기 위해서 우리는 어떤 접근을 해야 할까? 많은 기업들이 추진하는 과정을 내가 이해하는 범위에서 간단하게 정리하면, 직원들이 회사 생활 중에 느끼는 긍정적 경험과 부정적 경험을 조사하여 이를 개선하는 활동으로 진행한다. 인터넷으로 기업들의 직원 경험 활동 사례를 검색해 보면 재택근무의 활성화, 협업 강화를 위한 회의실 개선, 업무용 대형 모니터 지급, 입사 기념일 기념품 지급, 성과에 대한 특별한 축하 활동 등이 확인된다.

대기업에서 조직 문화 혁신 업무를 오랫동안 경험했던 나로서는 솔직히 기존의 조직 활성화 활동과 직원 경험 활동의 차이를 잘 모르겠다. 직원들 대상의 Opinion Survey를 통하여 불만·불편 사항을 파악하고 해결해 주는 활동은 예전부터 우리 기업들이 많이 추진해 오던 활동이다. 오히려, 지금의 직원 경험 활동은 자칫 직원들에게 뭔가를 베푸는 시혜성 복리후생 활동이라는 생각마저 든다.

나는 직원 경험이든 조직 활성화든 조직 문화 혁신 활동이든 우리 직원들의 몰입과 생산성 향상, 그리고 만족도 제고를 위하여 회사가 지속적으로 고민하고 실행하는 것에는 전적으로 동의한다. 쉽게 얘기하면 '출근하고 싶고, 출근해서 주어진 일에 최선을 다하도록 만드는 것'이라고 할 수 있다. 중요한 것은 '그런 결과를 만들기 위해서 우리 활동은 어디를 지향해야 하는가'라는 것이다. 적어도 직원들이 불편해하는 것들을 제거하는 수준에만 머무는 활동은 적절하지 않다고 생각한다. 업무 수행 과정에서 작은 노트북 화면을 보는 것보다는 대형 모니터를 보면서 일을 하면 피로감도 적고 편한 것은 당연하다. 하지만, 이런 식의 지원이 과연 끝이 있을 것인지 모르겠다. 우리가 잘 알고 있는 허즈버그Herzberg, F.의 2요인 이론Two-factor theory에서 제시하듯이, 위생 요인(월급, 업무량, 제도, 복지 시설 등)만으로는 직원들에 대한 지속 가능한 동기부여가 불가능하다. 일시적인 만족은 가능하겠지만, 시간이 지남에 따라 또 다른 불만(불편) 사항이 지속적으로 대두될 가능성이 높기 때문이다. 동기 요인(직무 자체, 성취감, 인정, 책임감, 성장 및 발전, 자신을 위해 일한다는 보람, 고용안정, 자신의 생활을 스스로 선택하고 통제한다는 느낌 등)의 충족이 있어야 한다. 즉, 근무 과정에서 당장의 불편을 해소해 주는 활동도 필요하지만, 종국적으로는 직원들이 "장기적 관점에서 나의 성장과 발전을 위한 의미 있는 직장 생활을 할 수 있도록 지원"하는 직원 경험이 그 지향점이 되어야 한다는 제안을 하는 것이다. ('제2장 직원 존중 경영 - 3. 주인의식' 내용 참조)

생애관리 활동의 필요성 및 개념

직원들의 동기 요인을 충족한다는 관점에서 우리 직원들의 입장과 욕구$_{Needs}$를 정확히 파악할 필요가 있다. 우리 회사에 근무하는 직원들이 가장 고민하는 것은 무엇일까? 개인의 입장에서 가장 원하는 것은 무엇일까? 우리 직원들이 출근하는 이 직장과 매일 수행하는 업무는 개인에게 어떤 의미가 있을까? 이런 본질적인 질문에 대한 답을 할 수 있어야 한다.

유럽과 미국 등 글로벌 기업에는 CHO라는 직책이 있다고 한다. 우리 한국 기업에는 '최고 HR 책임자$_{Chief Human Resources Officer}$'라는 의미의 용어로 익숙하지만, 여기에서 얘기하는 CHO는 '행복 경영 관리자_{Chief Happiness Officer}'이다. 회사 임직원들의 행복을 위한 활동을 고민하고 총괄하는 직책인 것이다.⁽⁵⁾

지금의 한국 사회를 대표하는 현상의 하나는 '평균 수명의 연장'이라고 생각한다. 통계에 의하면, 2021년 기준 한국 사람들의 평균 기대 수명은 83.6세(남자 80.6세, 여자 86.6세)라고 한다.⁽⁶⁾ 또한, 우리나라 사람들의 평균 기대 수명은 10년마다 5년이 연장되는 추세에 있고 의료 기술이 획기적으로 발전하고 있기에, 앞으로 더욱 기대 수명이 길어질 것이 확실하다. 우리 회사에 다니는 직원들은 모두 80세 이상을 살아갈 것이며, 개개인들이 이에 대한 준비를 해야 하는 것이다. 그리고, 우리 직원들 스스로가 이런 미래를 충분히 인식하고 있다.

또 하나, 우리 기업과 직원들 간의 관계에서 본질적인 변화라고 할 수 있는 것은 '평생직장_{平生職場}의 붕괴'이다. 이제는 어느 기업도 한번 고용한 직원을 정년까지 근무하도록 보장할 수 없는 상황이다. 또한, 개인의 입장에서도 한번 들어간 직장에서 뼈를 묻겠다고 생각하는 직원은 이제는 없다. 대신 '평생 직업_{職業}'을 추구하는 세태로 바뀌었다. 앞에서 설명했듯이 개개인들의 기대 수명이 길어지는 상황이기에 나이가 들어서도 일을 해야 할 필요성은 점점 더 커지고 있고, 이전 선배 세대들과 같이 한 기업에서 정년까지 열심히 일하고 퇴직하여 무작정 쉬겠다는 생각을 할 수 없는 환경이 된 것이다. (통계에 의하면 우리나라 사람들의 평균 희망 근로 연령은 72세라고 한다.)

내 주위를 둘러보더라도 나이 든 중·장년(고령자)에 이른 분들이 점점 많아지고, 나이가 들었음에도 뭔가 계속 일을 하는 분들도 참 많아지고 있음을 느낄 수 있다.

이러한 배경에서 중요하게 부각되고 있는 개념이 바로 '생애관리 활동'이다. 『사는 동안 지속적으로 행복하게 살 수 있도록 필요한 것들을 챙기는 활동』으로 쉽게 설명할 수 있겠다. 내가 기업 강의에서 많이 인용하는 자료가 있다.[7]

우리나라를 포함한 5개국 국민을 대상으로 기대 수명과 행복 수명을 분석한 자료이다. 한국의 경우, 생물학적인 수명은 83세인데, 행복감을 느끼는 수명은 75세까지이다. 결론은, 일생을 살면서 8년이 조금 넘는 시간 동안은 행복하지 않은 상태로 사는 것이다. 일본

은 우리보다 더욱 심각하여 9년 이상의 시간을 행복하지 않은 상태로 살아간다고 한다. 상대적으로 독일·미국·영국 등의 나라들은 일생 동안 행복감을 느끼는 시간이 더 길다.

이 자료에서 중요한 것은 '행복 수명'의 조건들이다. 사람이 살아가면서 행복감을 느끼기 위해서는 무엇이 필요한가에 대한 얘기이다. 이 조사에서는 사람이 행복감을 느끼기 위해서는 건강·경제·활동·관계의 네 가지 조건이 필요하다고 정의하고 있다. 당연한 얘기인 것 같다. 내 의지대로 움직이면서 생활하기 위해서는 신체적·정신적 건강이 반드시 필요하며, 경제적으로 쪼들리지 않고 원하는 수준의 생활을 할 수 있어야 하고, 집에만 처박혀 있는 생활이 아니라 뭔가 의미 있고 성취감을 느낄 수 있는 활동을 하면서, 주위의 좋은 사람들과 건강하고 편한 관계를 잘 유지해 나가는 생활. 이런 것이 행복한 생활이 될 수 있을 것이다. 이러한 행복의 조건들을 잘 관리해 나가는 것이 바로 '생애관리 활동'이다.

나는 이러한 관점에서 행복한 인생을 준비하기 위하여 다섯 가지 영역의 관리가 필요하다고 제안하고 싶다. 반짝반짝 빛나는 별과 같은 모양이다. (Star Model)

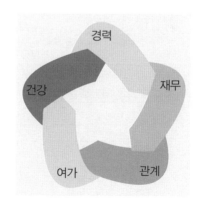

• 경력 : 현재 다니고 있는 직장뿐 아니라, '평생 직업職業'의 관점에서 할 일들을 준비해야 한다. 이제는 인생 일모작─毛作으로는 절대 안 된다. 최소한 2~3모작을 할 수 있는 준비를 해야 하는 것이 100세 시대를 살아가는 우리 모두의 과제인 것이다. 물론, 여기에서 얘기하는 경력은 젊은 시절 정규직으로 일하는 방식만을 의미하지는 않는다. 또한, 단순히 월급을 받기 위한 활동만을 의미하지도 않는다. 소위 얘기하는 '커리어Career' 관리가 되어야 한다는 것이다. 커리어란 '보수나 시간에 상관없이 한 인간이 평생 동안 하는 일의 총체'를 의미한다. 즉, 단순한 직업이나 경력이 아닌, 개인의 삶의 방식 혹은 일생에 있어 개인이 수행하는 일련의 역할과 그 조합을 의미한다는 것이다. 지금 다니고 있는 직장을 넘어서 한평생 본인이 수행할 활동을 미리 준비하는 것이 경력 관리의 핵심이다.

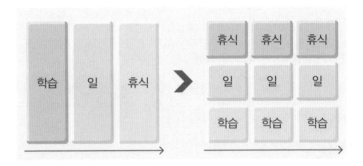

• 재무 : 모든 사람이 관심을 가지고 나름의 방식으로 관리하고 있는 영역이다. 나의 수입을 어떻게 지속적으로 늘려나갈 것인가와 함께 지출에 대한 관리를 통하여 균형 있는 재무 관리가 더욱더 필요해지는 상황이다. 나는 재무 관리는 잘하지 못하는 상황이고, 서점과 인터넷에 넘쳐나는 전문가들의 자료와 제안을 참고하면 될 것이기에 세부적인 설명은 생략하도록 하겠다.

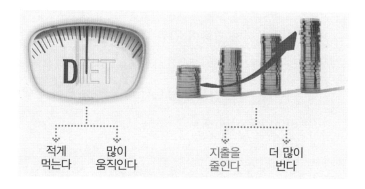

적게 먹는다　　많이 움직인다　　지출을 줄인다　　더 많이 번다

• 관계 : 인간은 홀로 살아갈 수가 없는 존재라고 한다. 그렇기에, 살아가면서 수많은 사람과 관계를 맺게 된다. 내가 관리해야 하는 관계의 대상을 크게 나누어 보면 나와 같이 살고 있는 '가족'과 사회생활을 하면서 만나게 되는 '사회적 지인'으로 나눌 수 있을 것이다. 이 집단들에 대한 지속적인 관계 관리를 지혜롭게 해 나갈 필요가 있다. 관계 관리의 비법은 따로 없는 것 같다. 본인의 성격과 상황에 맞추어

소중한 사람들에게 나의 진정성을 표현하는 방법을 각자가 개발하고 실행해야 할 문제인 것이다.

> 만남에 대한 책임은 하늘에 있고,
> 관계에 대한 책임은 사람에게 있습니다.
>
> _《인연》 이서린 저

• 여가 : 요즘 사람들은 여가에 대한 관심이 그 어느 때보다도 높다. 직장인들 사이에서도 워라밸Work & Life Balance이 강조되면서 여가 활동이 점점 다양해지고 확대되고 있는 것 같다. 중요한 것은, 다른 사람들이 하는 유행을 좇아갈 것이 아니라, 내가 행복감을 느낄 수 있는 활동이 무엇인가를 잘 찾아서 즐기면 되는 것 같다.

> 내가 먼저 산소호흡기를 착용한 후
> 소중한 사람을 챙길 수 있듯이, 여가 활동을 통한
> 나 스스로의 여유와 행복이 우선 필요하다.

• 건강 : 건강을 잃으면 모든 것을 잃는다는 말과 같이 우리가 살아가는 과정에서 건강의 중요성은 너무나도 명확하다. 그렇기에, 사람들은 본인의 건강을 위한 다양한 투자와 노력을 기울이고 있다. 다만, 건강과 관련하여 꼭 짚고 싶은 것은 내가 건강을 챙기는 활동이 나의 '몸'만을 챙기는 것인지, 나의 '마음'까지 챙기는 것인지를 점검해 보자는 것

이다. 우리는 통상 건강을 얘기하면 신체적 건강만을 생각하기 쉽다(운동, 보약, 건강 검진 등). 점점 더 중요성이 높아지는 내 '마음'의 건강을 어떻게 챙기고 있는지 각자가 점검해 보고 실행해야 하겠다. 언론에서도 많이 보도되듯이 우리나라는 OECD 국가 중에서 자살률 1위의 오명을 안고 있다. 자살과 같은 극단적인 수준까지는 가지 않더라도 평소에 건강하고 밝은 마음을 잘 유지하는 것이 중요하다는 것을 우리 모두가 인지하고 있기에 실질적인 관리 활동이 병행되어야 하겠다.

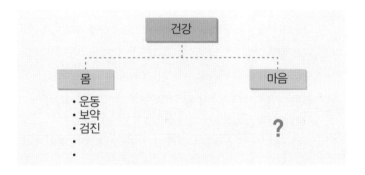

좀 더 구체적으로 각 생애관리 영역을 점검할 수 있는 항목을 전문 기관의 자료를 인용하여 제시한다. 각자가 한번 체크해 보고 어떤 영역에서 어떤 부분을 개선해야 할 것인지를 확인하는 용도로 활용하면 좋겠다. [8]

생애관리 영역별 체크리스트		
영역	**점검 항목**	**나의 상황**
경력	나는 정년퇴직 후의 구체적인 진로 목표를 가지고 있다.	
	나는 내가 했던(하는) 일에 자신감과 자부심을 갖고 있다.	
	나는 일을 능숙하게 처리할 수 있는 기술, 지식, 경험을 갖추고 있다.	
	나는 끊임없이 일과 관련해서 학습하고 있다.	
	나는 새로운 경력을 개발하기 위한 구체적인 실행 계획이 있다.	
재무	나는 현재 및 미래 재정적 필요를 충족하는 구체적인 계획이 있다.	
	나는 지출을 분별 있게 관리하는 편이다.	
	나는 개인적인 재정 상태를 정기적으로 확인해 본다.	
	6개월간 일을 할 수 없게 되어도 나는 가계를 꾸려 나갈 수 있다.	
	나는 재무 관리를 위한 교육에 참여하거나 정보를 확인하고 있다.	
관계	나는 배우자와 의사소통이 잘 되고, 좋은 관계를 유지하고 있다.	
	나는 가족들과 한 약속을 지키려고 노력한다.	
	나는 가족에 대한 사랑을 말과 행동으로 적극적으로 표현한다.	
	나는 사람의 감정을 배려하여 대화를 하는 편이다.	
	나는 지속적으로 참여하는 친목 모임, 지역사회 활동 등이 있다.	
여가	나는 어떤 활동을 할 때 내가 가장 행복한지를 알고 있다.	
	나는 오랫동안 즐기고 있는 취미 생활이 있다.	
	나는 배우자나 가족과 함께 하는 공통된 취미나 오락이 있다.	
	나는 외부의 학습, 문화 또는 스포츠 모임에 참여하고 있다.	
	나는 퇴직 이후를 대비해서 여가 활동을 적절하게 준비하고 있다.	
건강	나는 일주일에 세 번 이상, 한 번에 30분 이상 꾸준히 운동한다.	
	나는 건강 진단을 정기적으로 받고 있다.	
	나는 피로가 회복될 정도로 매일 숙면을 취하고 있다.	
	나는 평소 스트레스가 생기면, 효과적으로 잘 해소해 준다.	
	나는 정상적인 혈압과 체중을 유지하고 있다.	

생애관리 활동의 핵심

앞에서 다섯 가지 영역에 대한 생애관리 활동이 필요하다고 제안하였지만, 그중에서 가장 중요한 것 하나를 뽑아 보라고 하면 여러분은 무엇을 선택할 것인가? 내가 기업 교육 과정에서 직장인들에게 이 질문을 해 보면, 가장 많이 나오는 답변이 '재무'와 '건강'이다. 이 답변도 틀린 건 아니다. 각자의 가치관에 따라서 답변이 달라질 수 있는 질문이기에… 나의 의견을 얘기하자면, 단연코 '경력'이라고 생각한다.

'노년 4고苦'라는 얘기가 있다. 나이가 들어가면서 더 불편해지고 힘들어지는 네 가지가 있다는 것이다.

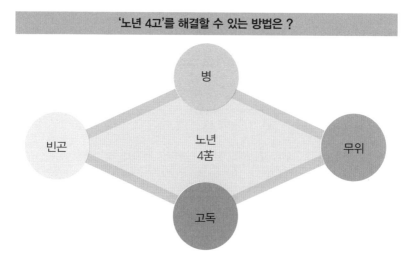

'노년 4고'를 해결할 수 있는 방법은 ?

병

빈곤

노년
4苦

무위

고독

누구라도 느끼듯이 나이가 들어감에 따라 우선은 건강에 문제가 생긴다. 생로병사生老病死라는 말처럼 여러 가지 건강상의 문제가 누구에게나 나타나게 된다. 그리고, 젊은 시절에 비해서 아무래도 활동력도 떨어지고, 활동할 일이 줄어들게 된다. 그러다 보니 자연스럽게 고독의 문제도 생길 가능성이 높아지게 된다. 마지막으로, 경제적 어려움도 충분히 생길 수 있다. 우리나라의 노인 빈곤율이 OECD 평균보다 높다는 기사가 계속 나오는 상황이다.

이러한 노년 4고를 해결할 수 있는 하나의 방안을 제시한다면, 그것은 바로 '경력'이라고 할 수 있다. 앞에서도 설명했지만, 경력이란 젊은 시절의 정규직과 같은 번듯한 일자리만을 의미하지는 않으며, 돈을 버는 활동에만 국한되는 개념도 아니다. 젊었을 때보다 수입은 적고 Full Time으로 일하지는 않지만, 내가 원하는 일(활동)을 나이가 들어서도 꾸준하게 할 수 있다면 규칙적인 생활을 통한 건강 증진, 그리고 다른 사람들과의 지속적인 교류로 고독의 문제도 해결할 수 있고, 약간의 수입이라도 생긴다면 경제적으로도 분명 도움을 받을 수 있게 된다. 이런 이유로 나는 생애관리 영역 중에서 가장 중요하게 관리해야 하는 영역을 '경력'이라고 제안하는 것이다.

또한, 개개인이 평생 경력을 관리해 나가는 과정에서 가장 중요하게 기억해야 할 개념은 '고용가능성Employability'이다. 내가 지금의 직장뿐 아니라, 내가 원하는 직업(직장)에 고용될 수 있는 가능성을 지속적으로 개발하고 강화해야 한다는 것이다.

일본의 컨설팅 기업 대표가 신입 사원 입사식에서 이런 얘기를 했다고 한다. "신입 사원 여러분의 의무는 하루라도 빨리 이 회사를 그만둘 수 있는 인재가 되는 것이며, 사장인 나의 의무는 그런 제군을 어떻게 회사에 붙잡는가에 있다." 참으로 멋진 말이다. 앞부분에서 "이 회사를 그만둘 수 있는 인재'라고 언급한 부분이 개인 차원의 '고용가능성Employability'이고, 뒷부분의 "그런 제군을 어떻게 회사에 붙잡는가"라는 표현은 회사 차원의 '고용유지가능성Employmentability'을 의미한다. 이 두 가지 요소가 조화를 이룰 때 기업의 경쟁력과 개인의 지속적인 경력 역량은 강화될 수 있는 것이다. 그리고, 회사 차원의 고용유지가능성을 높이기 위한 EVPEmployee Value Proposition, 직원 가치 제안 활동들을 지속적으로 추진하는 것과 같이, 개인의 고용가능성 개발 활동도 지금부터 당장 시작해야만 하고, 이를 위한 개인 차원의 노력과 회사 차원의 지원이 병행되어야 한다.

생애관리 활동 지원 필요성

2020년 5월부터 법률 개정안 하나가 시행 중이다. 「고령자고용법」 개정에 따라, 1,000명 이상 근로자를 고용한 기업은 1년 이상 재직한 50세 이상의 근로자가 정년·희망퇴직 등 비자발적인 사유로 이직하는 경우에 이직일 직전 3년 이내에 진로 상담·설계, 직업 훈련,

출처: 고용노동부

취업 알선 등을 의무적으로 제공해야 한다. 날로 심각해지는 고령화에 대응하고, 숙련된 중·장년 근로자들의 경제 활동을 지원하겠다는 취지의 입법이 실행되고 있는 것이다.

이 법률 개정안의 시행으로 많은 기업이 중·장년 근로자들의 미래를 위한 최소한의 서비스를 제공할 수 있게 된 것은 참으로 다행스럽다고 할 수 있다. 회사는 우선적으로 법에서 정한 기업 규모(현재는 1,000명 이상)에 상관없이 우리 회사에 기여한 중·장년 직원들의 행복한 경력 개발을 위한 지원을 해야 한다.

동시에, 우리 기업들이 한 번 더 고민해야 하는 부분은 법률에서 정한 이 서비스만으로 충분한가 하는 점이다. 기업 교육 현장에서 수많은 중·장년 직원들을 만나서 얘기를 나누는 과정에서 내가 느끼는 중·장년 직원들의 활력Vitality 수준은 다음의 그래프로 표현할 수 있다.

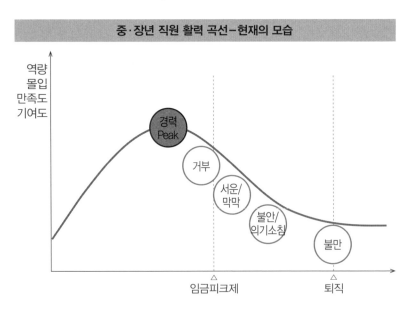

젊은 시절 지금의 직장에 많은 공헌과 기여를 하면서 경력의 정점을 대부분 거친다. 하지만, 나이가 들어가면서 특히 대부분의 기업이 도입하고 있는 임금피크제를 겪으면서 급격하게 '경력 정체 Career Plateau [*]'를 겪게 된다. 내가 아는 많은 기업들이 임금피크제에 들어가는 순간 해당 직원을 조직 책임자로 선임하지 않는 등의 인사 정책을 운용하고 있다. 그렇기에, 중·장년 직원 입장에서는 본인의 능력이나 의지와 상관없이 단순히 나이가 들었다는 이유로 그동안 헌신한 기업에서 버림받은 듯한 서운함을 느끼게 되는 것이다. 그렇게 조직에서 인정받지 못하는 상태임에도 당장의 안정적인 월급과 일자리가 필요하기에 회사를 그만두지도 못하고 어정쩡한 상태로 몇 년의 시간을 보내고 정년을 맞이하게 된다. 이렇다 보니 많은 직원들이 오랜 기간 근무했던 회사에 대하여 불만을 가진 상태로 떠나게 되는 것이다.

하지만, (앞에서도 설명하였듯이) 정년 이후에도 편하게 쉴 수만은 없는 상황과 마주하게 된다. 미래 경력을 위하여 무엇인가를 준비해야 한다는 생각은 하지만, 회사와의 고용 관계에서 현실적으로 그러한 시도도 쉽지는 않다. 평생을 이 직장만을 생각하고 생활해 왔기에 특히 외부의 정보에 매우 취약한 입장이라서 섣불리 준비하고 움직인다는 것이 더욱 어렵게 되는 것이다.

....

* 본인 능력의 문제나 조직 내 보직의 한계 등으로 직장인에게 찾아오는 정체 상태

이러한 상황에서 법에서 정한 '재취업 지원 서비스'를 정년을 앞둔 시점에 받게 된다. 그것도 대부분 회사의 직원들은 법에서 최소한으로 정한 16시간 교육만으로 필요한 준비를 다 해야 하는 것이다.

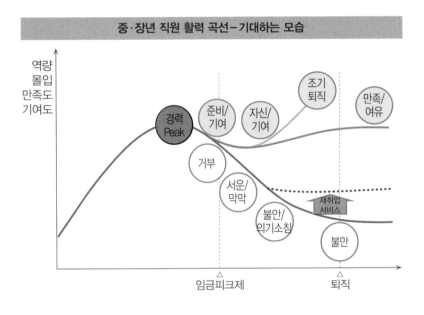

중·장년 직원 활력 곡선 - 기대하는 모습

이러한 서비스가 중·장년 직원들의 활력 정도와 미래에 대한 준비에 충분할까? 그래프에서 점선으로 표현하였듯이, 그 효과는 미미할 수밖에 없을 것이다. 지난 2016년부터 나는 중·장년 대상의 생애 설계 교육에 출강하고 있다. 교육 과정에서 만난 현장의 중·장년 교육생(대부분 정년을 1년 미만으로 남겨 놓은 상태)들에게 가장 많이 듣는 얘기가 "이 얘기를 나에게 이제서야 해 주면 어떻게 하라는 얘기냐?"는 볼멘소리이다. 너무 늦게 알려줬다는 것이다. 남은 인생을 행복하게 살기 위해서는 꾸준한 경력 관리가 필요하고, 외부의 고용 시장은 지금은 이렇게 변하고 있으니 관련 자격증을 획득하는 등의 준비 활동이 필요하다는 얘기를 정년퇴직을 몇 개월 앞두고 들었기에 당연히 나올 수 있는 반응이라고 생각한다.

또한, 회사 입장에서 이 이슈를 생각해 보자. 근로자들의 평균 연령이 높아지는 것은 모든 회사의 공통적인 현상이다. 우리 회사에서 비중이 점점 높아지는 중·장년 직원들이 임금피크제 등의 정책에 의하여 의기소침해지고 활력이 떨어지는 상황이 회사의 경영에 도움이 될까? 젊은 직원에 비하여 연봉 수준도 높은 직원임에도 불구하고 업무 생산성이 떨어진다는 것은 명백하게 회사로서는 큰 손실이 되는 것이다. 일부 기업에서 중·장년 직원들에 대하여 기업 경영에서 중요성이 높아지고 있는 4차 산업 혁명 관련 기술 교육을 제공하는 등 그들의 생산성을 제고하고 미래를 준비할 수 있도록 Re-skilling 교육을 제공하는 사례가 참으로 고무적이고 반가운 이유이다.

지금까지 얘기한 미래 경력 개발 이슈는 비단 중·장년층에게만 해당되는 얘기는 아닐 것이다. 지금 기업에서의 비중이나 역할이 증가되고 있는 MZ 세대와 같은 젊은 직원들의 특성을 보더라도 그들의 경력 개발은 회사 차원에서 매우 중요한 이슈가 된다. MZ 세대의 특성과 회사의 관리 방향을 잘 제시한 임홍택 작가의 《90년생이 온다》라는 책에서는 MZ 세대의 특성을 '간단·재미·정직'의 세 가지로 정의하면서, 그들에 대한 지원 방향으로 세 가지를 제시하고 있다.

① 회사의 원리·원칙·기준을 명확히 알려주고, 회사의 준수 노력을 보여준다.

② 조직 내·외부에 걸쳐서 '신뢰'를 시스템화하라.

③ 좋아하는 일을 할 수 있도록 지원하라.[9]

나는 이 중에서 세 번째 지원 방향에 주목하자는 제안을 하는 것이다. (사실, 첫 번째와 두 번째 지원 방향이 결국은 ESG 활동이다. 우리는 ESG 경영을 통하여 MZ 세대가 기대하는 회사를 만들 수 있는 것이다.)

나도 대기업에 입사했을 당시, 내가 원하던 서울의 본사 근무가 좌절되고 지방 공장에서 직장 생활을 시작했었다. 다행히 근무 장소만 나의 희망이 반영되지 않았을 뿐 회사로부터 부여받은 직무는 내가 하고 싶었던 인사 업무였기에 나름 만족하면서 직장 생활을 했던 것 같다. 그런데, 그 당시 나의 입사 동기 중에는 본인의 전공이나 희망과는 다른 직무를 배정받은 인원이 일부 있었고, 그로 인해 고민이 많던 동기를 본 기억이 있다.

직원들의 입장에서 물론 회사에 대한 선택이 우선 중요하겠지만, 그것에 못지않게 내가 수행하는 직무가 나에게 의미가 있고 내가 하고 싶은 직무여야 한다는 얘기이다.

우리가 잘 알고 있는 IBM은 사내에 '블루 매칭Blue Matching'이라는 제도를 운영하고 있다.[10] 회사 밖에서 다른 기회를 찾는 직원들을 대상으로 자신의 기술·성과·지역·전문 분야에 기초한 개인화된 직무 정보 알림을 제공하는 서비스이다. 현재까지 4만 명이 넘는 직원들이 이 서비스에 참여하였고, 거의 500번의 직업 소개가 이루어졌다고 한다. 500명의 잠재적 퇴직자를 예방한 것이다.

요즘 언론에 종종 나오는 단어 중에 '조용한 사직Quiet Quitting'이란 것이 있다. 직장에서 최소한의 일만 하겠다는 젊은 직원들의 생각과 태도를 대변하는 용어이다. 실제 직장인 대상의 설문 조사에서 '월급 받은 만큼만 일하면 된다'는 응답이 70% 수준으로 나타나고, 특히 20대(78.5%)와 30대(77.1%) 직장인들의 비중이 높은 것으로 나타났다.[11] 날로 치열해지는 경제 전쟁의 상황에도 불구하고 지속적으로 성장·발전해야 하는 기업의 입장에서 이러한 직원들의 경향이 어떤 영향을 미칠지 고민해 봐야 한다. (장시간 근로를 시켜야만 성과를 창출할 수 있다는 얘기가 아니다.)

생애관리 경험 창출 방법론

제2장 직원 존중 경영에서도 제안하였듯이, 우리 직원들이 '업무에 대한 주인의식'을 가지고 스스로 동기부여 되는 조직을 만들지 않으면 안 된다. 결론적으로 직원들의 동기부여 관점에서 그들이 장기적 차원에서 가장 고민하고 있고, 고민해야 하는 '생애 경력' 개발과 준비를 직원 경험의 지향점으로 추진해 나가자는 제안을 하는 것이며, 이를 위한 몇 가지의 실행 방안을 제시해 보고자 한다.

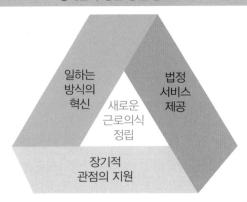

생애관리 경험 창출 방법론

일하는
방식의
혁신

새로운
근로의식
정립

법정
서비스
제공

장기적
관점의 지원

1. 새로운 근로의식의 정립

평생직장의 개념이 빠르게 평생 직업의 개념으로 바뀌어 가듯이, 환경 변화에 따라 회사와 직원 간에 공유하는 근로의식의 변화가 반드시 필요하다. 이제 갑을甲乙의 종속적 관계는 당연히 의미가 없을 것이며, 회사는 직원들의 평생 경력을 지원하고, 직원들은『현재의 직무가 나의 평생 경력에 도움이 된다』는 의미를 찾는 합리적인 근로의식이 필요할 것이다.

그 과정에서 내가 원하는 평생 경력을 가능케 하는 고용가능성(전문 역량)을 현재의 직무 수행 과정에서 지속적으로 개발하고, 그것이 회사의 성과로 연결되는 선순환 구조를 다 같이 만들어야 하겠다. 그런데, 일부 기업의 HR 담당자들은 이 얘기를 들으면서 질문을 한다. "지금 부여된 직무에 몰입해서 성과를 내야 하는 직원이 본인의 미래를 준비한다고 하면 성과 창출이 제대로 되겠습니까?" 당연한 질문인 것 같다. 그런데, 우리가 이 질문과 관련하여 정확히 알아야 하는 것이 있다.

우리나라의 고용 시장에서 직장을 퇴직한 사람들이 선택할 수 있는 주된 경력 개발 방법에는 재취업, 창업, 창직, 귀농·귀촌 등이 있는데, 퇴직자들은 이 중에서 '재취업'을 가장 많이 선택하고, 한 전문 기관의 분석에 의하면 재취업 중에서도 주된 직장에서 본인이 수행했던 직무와 관련된 '동종 재취업'의 비중이 30% 이상으로 높으며, 다른 경력 경로에 비하여 만족도도 높은 것으로 나타났다. 결국, 우리 직원들이 본인의 미래 경력을 준비하는 활동은 지금 회사에서 수행하고 있는 직무 분야에서의 고용가능성을 높이는 활동으로 연결하는 것이 가장 효과적이기에, 회사 입장에서의 성과 창출을 오히려 용이하게 한다는 것이다. (내가 평생을 활용해야 하는 직업 역량을 지금의 업무 수행 과정에서 개발할 수 있다는 의미로 현재의 업무를 인식한다면, 해당 업무에 대한 몰입과 성과 창출은 당연한 것이다.)

이러한 근로의식은 Push 방식으로는 절대로 정립될 수 없을 것이다. 결국, 직원들이 스스로 느끼고 동기부여 되도록 하는 Pull 방식의 접근이 반드시 필요하다. 그런 관점에서 회사가 검토·도입하기를 제안하는 것은 단계별 '생애관리 교육'이다. 미래를 위한 준비를 할 수 있도록 연령대별로 필요한 시점에 정보를 주는 교육을 반복적으로 제공함으로써, 임직원 스스로가 체계적으로 행복한 인생을 준비할 수 있는 계기를 만들어 주고 심리적인 안정감과 현재 직장 생활에 대한 몰입을 이끌어낼 수 있을 것이다. 이것이 바로 회사가 직원들에게 제시할 수 있는 최고의 '경험'이 되지 않을까?

그동안의 기업 서비스 과정에서 내가 기업들에게 제안하는 기본적인 직원 대상의 단계별 생애관리 교육 체계는 다음과 같다.

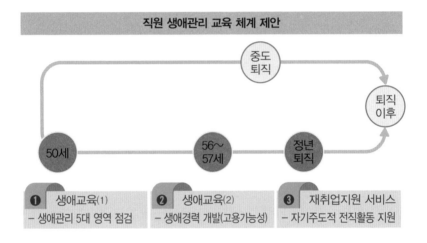

기업이 여유가 있고 좀 더 의지가 있어서 보다 젊은 직원들에게도 이 영역의 서비스를 할 수 있으면 좋겠지만, 현실적인 어려움들을 감안하여 가장 기본적인 서비스만을 제안하는 것이다.

아무리 늦어도 50세 전후로 생애관리에 대한 필요성을 임직원들이 느끼도록 해 주어야 한다. 앞에서도 설명한 생애관리 활동의 필요성과 개념, 그리고 핵심적으로 관리되어야 하는 주요 영역에 대한 점검과 실천 계획 수립 등이 일차적으로 직원들에게 제공되면 좋겠다.

그 이후, 특정한 시점이 되면(현재의 기업 제도를 감안할 때, 임금피크제 전후를 가장 좋은 시기로 본다.) 본격적인 '고용가능성'에 대한 교육을 제공할 필요가 있다. 아직은 몇 년 남은 정년퇴직 이후를 생각하게 하고, 미래의 경력 유지를 위한 고용가능성 개발의 필요성을 느끼도록 함으로써, 임금피크제 전후의 시간을 본인의 행복한 미래를 위한 소중한 시간으로 활용할 수 있도록 해야 한다. 그것이 또한 기업의 성과 창출에도 기여하는 방안이 될 수 있다.

마지막으로, 앞에서 설명한 법정 교육을 비자발 퇴직자 대상으로 제공해 주는 것이다. 물론, 앞서 직원들의 선행 학습이 있었다면, 이 단계에서의 교육 내용도 훨씬 더 구체적인 문제 해결 과정으로 발전시킬 수 있을 것이다.

이상의 최소 3단계 교육을 통하여 임직원들이 행복한 미래를 구체적으로 준비하도록 지원하는 활동이 회사 내에서 직원들의 건전한 근로의식을 정립할 수 있는 소중한 기반이 될 수 있다.

고용가능성과 관련하여 중요한 개념이 '병행 경력_{Parallel Career}'이라고 할 수 있다. 본인의 장기적인 생애 경력을 위하여 경력 절정기에 있을 때 다음 경력을 준비해야 한다는 것이다.

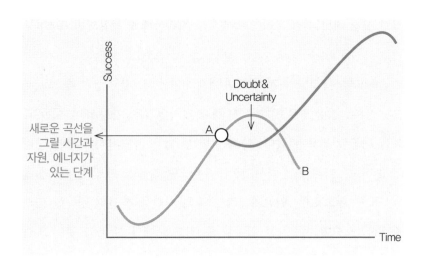

미래를 위한 경력 개발은 지금의 경력 정점이 지나고 난 후에 시작하면 늦다. 새로운 경력을 개발할 시간과 자원, 그리고 에너지가 넘치는 시점에 시작해야만 성공 가능성을 높일 수 있다는 것이다. 앞에서 정년퇴직을 앞둔 직원들의 입장과 반응을 소개하였다. 무언가를 준비할 수 있는 시간이 있어야 한다. 그리고, 오랜 시간 조직 내에서 의기소침하게 지내면서 에너지를 뺏기기 전에 경력 개발을 시작할 수 있어야 한다. 이것이 바로 직원들의 생애 경력 개발에 있어서의 '골든 타임Golden Time'이라고 생각한다. 직원들에 대한 생애관리 교육에서 이러한 포인트를 정확히 제시하고, 스스로 느껴서 준비하도록 만드는 것이 반드시 필요하다. 우리 회사에 근무하는 직원들은 우수하고 재능이 많은 인재들이다. 본인이 명확히 관리의 필요성을 느끼기만 하면, 스스로 구체적인 방법을 찾아서 실행할 수 있는

사람들이다. 느끼도록 자극만 주면 된다.

2. 법적 요건 충족을 위한 '재취업 지원 서비스' 제공

ESG 경영의 출발은 법규를 준수하는 것이다. 직원의 생애관리 경험을 창출하는 일차적인 활동도 마찬가지이다. 2020년부터 발효된 '재취업 지원 서비스'를 해당 직원들에게 충실하게 제공하는 것이 우선적으로 필요하다. 법에서 제시하는 재취업 지원 서비스의 종류는 다음과 같으며, 기업은 제시된 서비스 중 한 개 이상을 해당 직원들에게 제공해야 한다. [12]

재취업지원서비스의 운영 기준		
구분	서비스 내용	제공 기준
영 제14조의4제1항 제1호에 따른 진로 설계	이직 이후 변화관리 등에 관한 교육을 포함, 소질과 적성, 경력에 관한 진단과 상담을 바탕으로 향후 생애와 직업에 관한 진로 설계	• 16시간 이상의 교육과 상담 제공 • 개인별 「진로설계서」 작성
영 제14조의4제1항 제2호에 따른 취업 알선	취업 알선 및 상담 (이력서·자기소개서 작성요령 등 취업지원서비스 제공 포함)	• 이직전 3개월 이내 2회 이상 취업알선 (1회 이상 대면서비스 제공)
영 제14조의4제1항 제3호에 따른 교육	구직 또는 창업 희망에 따라 직업에 필요한 직무수행능력을 습득·향상시키기 위하여 실시하는 교육·훈련	• 기간 2일 이상, 시간 16시간 이상 실시 • 집체·현장 실시 원칙, 일부 원격방식 병행 수행 가능

한 가지 기업들에게 요청하고 싶은 것은, 이왕 지원 서비스를 제공한다면 최대한 빠르게 제공하자는 것이다. 앞에서도 얘기했듯이

대상자들의 준비 기간을 충분히 확보하기 위해서는 빠르면 빠를수록 좋기 때문이다. 물론, 기업 입장에서는 여러 가지 이유로 어려움이 있겠지만, 이러한 서비스 '경험'을 통하여 중·장년 직원들의 만족도와 생산성을 높일 수 있다면 충분한 효과가 있을 것으로 생각한다.

3. 장기적 관점의 경력 관리 지원

거의 모든 기업은 직원 대상으로 'CDP Career Development Planning 관리' 활동을 하고 있다. 중·단기에 걸친 개인의 경력 목표를 설정하고, 이의 실현을 위한 관리 계획을 수립하여 리더와 합의하고 회사 차원에서 지원하는 활동이다. 모든 직원들이 '경험'하는 이 활동의 범위를 확대하는 것이 필요하다. 지금 다니고 있는 회사 내에서의 경력 관리를 넘어서, 직원들의 평생 경력을 기준으로 같이 논의하고 지원하는 활동으로 제공하자는 것이다.

우리가 잘 알고 있는 기업인 Google은 '경력 대화'라는 HR 프로그램을 운용하고 있다.[13] 리더 주관의 직원 면담인 것이다. '구성원들이 본인의 삶에서 정말 원하는 것', '그들의 꿈'에 대하여 리더가 확인하고, 이의 달성을 위하여 어떤 지식과 기술이 필요하고 현재 수준은 어떠한지를 함께 분석하고 향후 6~18개월간 무엇에 집중해야 할지를 결정한 다음, 직원이 이를 실행할 수 있도록 리더가 지원하는 프로그램이다. 한 직원의 꿈은 '농장주'가 되는 것이다. 구글이라는 IT 기업과 농장주라는 꿈은 참으로 배치되는 것 같다. 하지만,

리더와의 진지한 논의 과정에서 향후 농장주가 되기 위하여 개발해야 할 역량으로 '농장 직원들에 대한 관리 기술'이 필요하다는 것이 도출되자 IT 기업인 구글 내에서도 관리 역량 개발을 경험할 수 있는 직무 수행 기회를 제공함으로써, 해당 직원의 만족도를 제고했을 뿐 아니라 그 직원이 유능한 리더가 되어 회사에 기여할 수 있었다는 사례가 소개되고 있다.

이렇듯, 우리 직원들의 생애 경력 개발을 지원한다는 것이 무조건 현재 직무 수행 과정의 집중도를 떨어트리는 결과로 연결되지는 않을 것이다. 오히려, 내가 지금 수행하는 직무가 내 인생에 있어서 어떤 의미가 있는지를 명확히 인식할 수만 있다면, 본인 스스로의 충분한 동기부여를 통하여 주인의식을 발휘할 수 있을 것이다. 20년 넘게 대기업에서 HR과 CSR 업무를 수행했던 나로서도 지금 활동할 수 있는 소중한 기반이 대기업에서의 그 경험이었음을 실감한다. 그리고, 내가 조금 더 일찍 이러한 그림을 그릴 수 있었다면 대기업에서 근무하던 기간 동안 더 탁월한 성과를 창출하고 전문 역량을 개발하기 위해 더 노력을 기울였을 것이란 생각을 한다. (실제로 중·장년 재취업 시장에서는 주된 직장에서 퇴직 직전의 기간에 본인이 창출한 업무 성과가 재취업의 성패를 좌우한다. 그래서, 정년퇴직 전 임금피크제 기간이 개인에게는 골든 타임Golden Time이 되는 것이다.)

4. 일하는 방식의 개선

일전에 인천의 한 기업 HR 부장님을 인터뷰한 적이 있었다. 이 회사가 실행하고 있는 '일·생활 균형' 활동이 우수 사례로 선정되어, 사례집에 활동 내용을 소개하기 위한 인터뷰를 진행한 것이다. 인터뷰 과정에서 부장님에게 이런 질문을 했다. "지금 회사에서 직원들의 일·생활 균형을 위하여 많은 활동을 하고 있는데, 그중에서 가장 중요하고 성과 창출에 기여한 대표적인 활동은 무엇이라고 생각하십니까?" 나의 이 질문에 대한 부장님의 답변이 깔끔했다. "『정시 퇴근 문화』라고 생각합니다. 법에서 정한 육아 휴직이나 다양한 지원 제도들은 사실 그 제도를 이용하는 그 시점이나 제도를 이용하는 직원에게만 만족감을 줄 수 있는 한계가 있습니다. 하지만, 정시 퇴근 문화는 우리 회사에 근무하는 모든 직원이 매일 느끼는 것입니다. 이것만큼 중요한 활동이 무엇이 있겠습니까?" 정답이다.

직원들이 본인의 생애 경력을 준비하기 위하여 현재 직무의 의미를 정확하게 인식하고, 스스로 몰입하여 성과를 창출하는 그림은 상상하는 것만으로도 기분이 좋아진다. 그런데, 이러한 모습을 실현하기 위하여 반드시 선제적으로 해결되어야 하는 이슈가 있다. 그리고, 우리 직원들 스스로 해결이 어렵기에 회사가 주도적으로 개선 활동을 결정하고 실행을 독려해야만 하는 이슈이다. (대부분의 과제가 조직 내 리더들의 리더십과 관련이 있는 것이다.)

그것은 바로 우리 회사의 '일하는 방식'이다. 아무리 지금 회사에도 기여할 수 있고, 내 미래의 생애 경력을 준비한다는 의미가 있는 업무라 하더라도 매일 매일의 수행 과정에서 일하는 방식이 불편하거나 비효율적이라면 제대로 성과를 창출할 수 없다. 그리고, 거의 매일 경험하는 일하는 방식의 부정적 경험은 다른 긍정적 경험도 훼손시켜 버리는 결과를 낳을 것이다. (직원의 긍정적 경험 창출을 위하여 많은 돈을 들여서 설치한 원격 사무실에서 근무하는 직원이 정작 일하는 과정에서 회의·보고 문화가 불편하다고 느끼고, 실제로 회의·보고가 비효율적이라면…)

나는 회사가 추진하여야 하는 일하는 방식의 개선 활동을 『신박하게* 일하기』라고 지칭하고 있다. 어느 TV 프로그램에서 집 안 정리 정돈이 잘 안되는 가정을 방문하여 신박하게 정리해 주는 것과 같이, 우리 일터의 일하는 문화도 신박하게 정리해 보자는 의미이다. [14]

....

* '신박하다'라는 단어는 표준어는 아니다. 게임에서 유래된 신조어로 "새롭고 신기하다"는 의미를 지닌 단어이다.

　제대로 정리가 되지 않아서, 불편하고 정신도 없고 짜증 나는 상황에서 '내가 사는 집이 제일 좋다!'라는 생각이 들도록 신박하게 정리 정돈하는 활동. 이것이 바로 우리 기업들이 직원들에게 제공해 주어야 하는 가장 기본적인 직원 경험이라고 생각한다. 일부 기업들이 진행하고 있는 일하는 방식의 개선 사례를 살펴보자.

- 직원 모니터마다 빨간 등을 설치하여, 다른 사람에게 방해받고 싶지 않을 때는 이 등을 켜고 업무에 집중
- 반기 혹은 연 단위의 면담이 아니라, 격주마다 30분 내외의 Small Talk 중심의 면담 진행
- 직원들의 의견을 종합한 우리만의 '일하는 방식' 약속문 채택
- 유튜브 동영상을 활용한 직무 노하우의 공유(사내 직무 전문가의 경험과 노하우를 수시로 학습) : 중·장년 직원의 고용가능성 제고 효과 동시 창출
- 업무 수행 방법을 전사적인 매뉴얼로 정리하여 전 세계 매장 관리 수준을 상향 평준화

- 매출이 높은 휴일 근무를 과감히 포기하고, 평일 매출 극대화를 추진하는 레스토랑 체인
- 주간 경영 회의에 아르바이트생도 참여하여 회사의 경영 상황을 공유하고, 자유로운 아이디어 제안

얼마 전에 어느 대기업의 직원들과 함께 '신박하게 일하기 워크숍'을 진행한 적이 있었다. 당시에 직원들이 매일 겪는 일하는 방식들을 같이 뽑아 보고, 그중에서 가장 개선이 필요한 항목을 참석자들이 선정하고 개선 방안을 수립한 것이다. 이때 뽑아 본 우리 기업 현장에서의 일하는 방식들은 이런 것들이다. 기업별로 상황은 일부 다를 수 있겠지만, 우리 직원들이 매일 겪는 일하는 방식을 개선하는 과정에서 참고하면 좋겠다.

No.	일하는 방식	점검 포인트			우선 개선과제
		편안한가?	효율적인가?	최신방식인가?	
1	회의문화				
2	소신 있는 의견 제시				
3	신속한 의사결정				
4	상사에 대한 보고				
5	동료와의 업무협의				
6	관련 부서와의 협업				
7	고객 Claim 대응				
8	출/퇴근 시간관리				
9	근무복장				

일하는 방식의 종류

10	휴가 사용				
11	휴식시간 사용				
12	회식 문화				
13	상사와의 면담 (고충처리)				
14	역량개발 (교육훈련)				
15	추가 ( )				

한 컨설팅 회사의 분석에 따르면, 지금 많은 기업이 도입하고 있는 디지털 트랜스포메이션Digital Transformation을 통하여 업무의 50%만이 기존과 같은 방식과 수준으로 진행되고, 15%는 새롭게 생겨난 업무이며, 25%는 더 이상 필요 없는 업무라고 하면서 기존 업무는 스킬을 높이고Up-skilling, 없어지는 업무는 새 업무로 바꾸는Re-skilling 개선이 필요하다고 제안하고 있다. [15]

과연 우리 회사는 이러한 변화에 맞추어 직원들의 일하는 방식을 지속적으로 개선해 나가고 있는지 점검해야 한다. 중요한 것은, 우리 직원들이 불편해하거나 비효율적이라고 느끼는 것들을 개선해야 하고, 그 과정에서 리더들에 대한 변화관리를 회사가 중점적으로 실행해야 한다는 것이다. (세부 방법은 '제4장 SPSC 방법론 – 1. ESG 변화관리' 부분 참조)

/////////////////////////

기업 수준에서 경제적 가치와 사회·환경적 가치를 동시에 추구하는 것이 ESG 경영이라면, 직원 개인의 입장에서의 ESG 경영은 『장기적 관점에서 일과 생활의 만족을 동시에 추구하는 생애관리 활동』이라고 할 수 있다.

노사 ESG

내가 생각하는 '직원 중심의 ESG 경영 – SPSC 문화'의 최고 수준은 『노사 ESG』의 추진이다. 비단 ESG 경영을 넘어서 기업 경영의 핵심 요소가 건강하고 생산적인 노사 관계이지만, 한국 기업의 글로벌 경쟁력 평가에서 늘 취약 요소로 지적받는 것 역시 노사 관계이다. 또한, 다양한 ESG 평가에서 빠지지 않고 이해관계자들이 확인하는 기업 경영 활동이 노사 관계의 수준이다. 기본적으로 헌법에 보장된 노동3권을 철저히 보장하는 경영 활동이 필요하며, 더 나아가 기업의 경쟁력 요소로서 노사 관계가 제 역할을 다할 수 있어야 한다.

노사 관계의 개념과 현실

노사 관계는 기본적으로 '노동 시장에서 노동력을 제공하여 임금을 지급받는 노동자와 노동력 수요자로서의 사용자가 형성하는 관계'를 의미하며, 크게 개별적 노사 관계와 집단적 노사 관계로 나눌 수 있다. 단위 사업장에서 노동 시장을 매개로 하여 개별 노동자와 사용자가 형성하는 관계가 개별적 노사 관계이며, 노동자 집단과 개별적 사용자 혹은 노동자 집단과 사용자 집단 간의 관계를 집단적 노사 관계라고 한다. 이 중 우리는 일반적으로 '집단적 노사 관계'를 노사 관계의 의미로 사용한다.[16]

노사 관계는 다음과 같은 4단계를 거쳐 발전한다고 한다.

① 제1단계: 신분적 지배 관계
② 제2단계: 사용자 우위 단계
③ 제3단계: 노사 대등 관계
④ 제4단계: 경쟁 지향적 단계(노사 협조 단계)

각 단계의 의미는 별도로 설명하지 않아도 충분히 이해할 수 있을 것이다.

현재 언론에서는 한국 기업의 취약하고 위험한 노사 관계가 많이 보도되고 있다. 강성 노동 운동에 대한 혁신 요구도 다양하게 분출되고 있다. 한 언론 보도에 따르면 2020년 이후 노조의 조직률 상승세가 정체되고 있다고 한다.[17] 고용노동부의 분석 자료를 인용한 이 보도를 보면, 2021년 노조 조직률은 14.2%로 2020년과 동일하다고 한다. (이 또한 공공 부문의 노조 조직률이 70% 수준이며, 민간 부문은 11.2%에 그치고 있다.) 노조 가입 대상 근로자는 늘었으나, 실제 노조에 가입한 근로자는 많아지지 않는 이 현상에 대하여 고용노동부 관계자가 "산업 현장에 본격적으로 진출한 MZ 세대가 기존 노조를 외면하면서 생긴 현상이라고 추정된다."고 얘기했듯이 현재와 미래의 조합원(대상)들에게 현재의 노동 운동이나 노사 관계가 매력적인가를 심각하게 고민해 봐야 하는 상황으로 보여진다.

노사 관계의 발전 방향

경영학에서는 이론적으로 노동 운동을 크게 두 가지로 나누어 설명하고 있다. 배타적 노동조합주의Exclusive Unionism와 포용적 노동조합주의Inclusive Unionism가 그것이다.[18]

배타적 노동조합주의는 특정 집단의 이익을 위하여 행동하는 노동조합주의를 의미한다. 당연히, 노동조합 소속 조합원들의 권익 향상과 분배 늘리기에만 집중하는 노동조합을 얘기하는 것이다. 특히, 특정 집단의 이익을 늘리기 위한 수단으로 파업 등의 쟁의 활동을 함으로써 사회 전체의 비용을 상승시키고, 장기적으로는 사회 여론(이해관계자)으로부터 소외되고 고립될 위험성이 있는 노동 운동이다.

이에 반하여, 포용적 노동조합주의는 사회 전체의 이익까지 고려하는 노동 운동을 의미한다. 사회 전체의 가치 창출을 위한 사회적 대타협을 이루고, 사회 소외 계층(협력사, 여성, 외국인, 노인, 장애인, 성 소수자 등)에 대하여 노동조합이 배려하는 경우 등이 이에 해당한다. 당연히, 장기적으로 사회 여론(이해관계자)으로부터 강력한 지지를 받을 수 있기에, 노동조합의 발전에도 도움이 되는 결과를 얻을 수 있을 것이다.

일반적으로 기업의 노사 관계는 배타적 수준에서 포용적 수준으로 발전해 나간다고 해석할 수도 있겠다. 근로자의 최소한의 합리적인 근로 조건과 삶의 질이 보장되지 않는 상황에서는 배타적 노동조합주의 관점에서 최대의 '분배'를 얻어내야만 한다. 우리가 앞에서 살펴본 직원 관련 ESG 관리 기준의 내용들도 바로 이러한 영역에서 기업의 관리 활동을 요구하고 있는 것이다. (고용, 임금, 근로 시간, 복리후생, 교육훈련 등)

이는 ESG 경영을 얘기할 때, 많이 언급되는 기업의 목적과 맞닿아 있다고 할 수 있다. 기업의 목적이 주주의 수익 극대화라는 '주주 자본주의'와 기업의 목적은 주주뿐 아니라 다양한 이해관계자들의 만족을 가능케 해야 한다는 '이해관계자 자본주의'의 주장이 그것이다. 여러분들도 이해하듯이, 이러한 주주 자본주의만을 추구할 수 없는 환경의 변화로 인하여 모든 기업이 '이해관계자 자본주의' 관점의 ESG 경영을 도입하여 추진하고 있는 것이다. 무엇을 위하여? 기업의 지속 가능한 발전과 성장을 위해서이다.

노동조합도 마찬가지라고 생각한다. 앞서 설명하였듯이, 당장 노조 조직률 추이만 보더라도 현재의 관점과 활동으로는 조합원들의 지지를 받기도 어려워지고 있다. 또한, 노동조합도 운영 과정에서 다양한 이해관계자들(정부 등)과의 상호 작용을 해야만 하는 조

직이다. 지속 가능한 역할과 운영을 해야 하는 목표도 있다. 널리
이해관계자들의 이익 추구에 기여하는 '포용적 노동조합주의'로의
전환이 반드시 필요한 이유이다.

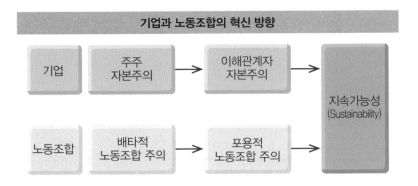

기업과 노동조합의 혁신 방향

노사 ESG 활동 사례

내가 근무했던 대기업(LG전자)에서는 노사勞使 관계라는 용어 대
신에 '노경勞經 관계'라는 용어를 사용하고 있다.[19] 노동자와 사용자
라는 수직적 의미가 아닌, 근로자와 경영자라는 수평적이고 대등한
관계를 유지·발전시키겠다는 의지의 표현인 것이다. 그러면서, 회
사와의 노경 관계가 그동안 발전되어 온 과정과 앞으로의 지향점을
다음과 같이 3단계로 설명하고 있다.

1단계는 '대립적 노사 관계'였다. 1958년 회사 창립 이래로 회사
와의 수직 관계에서 비롯된 대립적이고 소모적인 노사 관계의 시기
였다. 임금 및 근로 조건을 중심으로 회사와 '분배' 관점에서 끊임없

는 갈등과 대립을 거듭하였던 것이다. 실제로 1980년대 말에 지방의 생산 공장들이 폐쇄되는 심각한 노사 분규를 겪기도 하였다. (내가 구미 공장에 입사하여 노무 담당자 직무를 수행하던 1990년 초·중반이 대립적 노사 관계가 마무리되는 시점이었다.)

이러한 아픔과 경험을 바탕으로 새로운 노경 관계의 지향점으로 제시된 것이 2단계 '가치 창조적 노경 관계'이다. 기업의 경쟁력 제고가 곧 조합원들의 삶의 질 제고의 기반이라는 사실을 노勞와 경經이 함께 인식하면서, 기업 경쟁력 제고 과정에서 노동조합과 회사가 제 역할을 다하자는 방향으로 관계를 형성하였다. 이를 위하여 신뢰·존중·협력의 문화를 지속적으로 강화하는 내부적인 노력이 선행되었다. CEO가 지방 공장을 방문하는 경우에 해당 공장의 노동조합을 가장 먼저 방문해서 경영 상황과 이슈를 설명하는 활동을 비롯하여, 회사의 경영자는 노동조합을 존중하고 우선 배려하는 경영 활동을 놓치지 않았고, 노동조합도 이에 화답하여 회사의 성과 창출에 필요한 역할을 수행하는 풍토가 자리 잡았다. (나는 구미 공장에서 노동조합이 TV 제품에 대한 고객 입장에서의 새로운 아이디어를 제안하고, 생산된 TV 제품의 홍보 활동을 회사와 공동으로 실행하는 TFT 활동을 노동조합 간부들과 함께 수행하였다. '가치 창조적 노경 관계'의 대표적인 사례라고 할 수 있다.)

이러한 경험을 바탕으로 2010년부터 회사와 공동으로 노경 관계의 새로운 지향점으로 '사회 책임적 노경 관계'를 설정하였다. 기존 '조합원'에 대한 가치 제공을 유지하면서 널리 '이해관계자'들을 위한 가치 창출을 노㈜와 경經이 공동의 목표로 삼기 시작한 것이다.

노동조합 차원에서 USR_Union Social Responsibility(노동조합의 사회적 책임)이라는 이름의 혁신 활동을 자체적으로 추진하면서, 지금까지 회사의 ESG 경영과의 시너지 창출 활동을 지속적으로 전개해 나가고 있다.

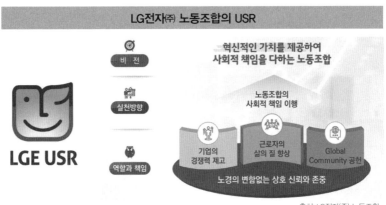

출처: LG전자㈜ 노동조합

LG전자㈜ 노동조합의 USR 활동은 ISO 26000*에서 제시하는 7대 핵심 주제인 지배구조·노동·인권·환경·공정 관행·소비자·지역사회 등의 영역에서 노동조합이 할 수 있는 활동들을 선정하여 지속적으로 실행하고 있다.

....

* 국제표준화기구가 2010년 11월 1일 발표한 사회적 책임에 대한 가이던스

그중에서 가장 대표적인 활동은 지배구조 영역에서의 '노조의 투명한 운영' 활동이다. 노조 운영의 투명성을 제고하기 위하여 노동조합의 회계 시스템을 전산화하고 노조비의 사용 내역을 조합원들에게 투명하게 공개하는 활동을 지속적으로 강화함으로써 이해관계자들의 신뢰 제고에 기여할 수 있는 활동을 우선적으로 실행한 것이다. 그 과정에서 노동조합의 윤리 규범을 선포하고 노조 간부(집행부)들의 솔선수범 활동도 병행하였다.

또한, 협력사 육성을 위한 활동으로 가장 눈에 띄는 것이 협력사 자녀 장학금 지급 활동이다. 우리 조합원을 챙기는 것만으로도 충분한 것이 대부분의 노동조합 입장이지만, 회사의 성과 창출에 중요한 역할을 하는 협력사에 대한 지원이 결국은 우리 조합원들의 권익 향상에 기여한다는 인식하에 협력사 직원 자녀 대상의 장학금 지급 사업을 시작한 것이다. (협력사 직원 만족→협력사 경쟁력 제고→자사 경영 성과 창출 제고→조합원 분배 증가) 노동조합은 '협력사 USR 장학금'이란 이름으로 2022년 기준 7년 동안 총 128명의 협력사 직원 자녀에게 장학금을 지속적으로 지급하고 있다.

지역사회 영역에서는 '다문화 가정 지원 사업'을 소개하고 싶다. 한국 사회에서 다문화 이슈는 이제는 우리 모두가 관심을 가져야 하는 중요한 이슈이다. LG전자㈜ 노동조합은 각 지방 공장의 지부 차원의 발굴과 추천을 통하여 다문화 가정 구성원들의 고향 방문을 지원하는 활동을 전개하고 있다. 한국 사회에서 비중이 높아지고 있고 우리 모두의 관심이 필요한 다문화 가정 이슈에 대하여 선제적으로 지원하고 있는 것이다. 우리 사회의 건강한 구성원으로 다문화 가정이 자리 잡을 수 있도록 작은 도움이라도 주고 싶다는 조합원들의 의지와 생각이 실천으로 연결되고 있다.

노사 ESG 추진 방안

노사 ESG 활동은 현실적으로 추진 과정에서 많은 제약이 있다고 생각한다. 기업 컨설팅 현장에서 만나는 대다수 중소기업은 아직은 근로자들의 기본적인 노동 조건 측면에서 상대적으로 열악한 상황이기에, 해당 노동조합도 당장은 '배타적 노동조합주의' 관점에서 조합원들의 권익 보호를 위한 활동에 집중할 수밖에 없기 때문이다. 다만, 조직과 여력이 있는 대기업·중견 기업, 그리고 공기업 노동조합부터 적극적으로 노사 ESG 활동을 검토하여, 장기적 관점에서의 노동조합 경쟁력 제고 및 노사 관계의 발전을 이룰 수 있기를 기대하면서, 세 개의 실행 방안을 제안해 보고자 한다.

1. 노사 '신뢰' 제고

ESG 경영의 목적은 '지속가능성Sustainability'이고, 그 출발은 이해관계자들의 기대 사항을 경영에 반영하고 실천하는 '신뢰'라고 설명하였다. 이와 마찬가지로 노사 ESG의 출발도 '신뢰'가 되어야 한다. 물론, ESG를 군이 붙이지 않더라도 노사 관계의 핵심이 노사 간의

견고한 '신뢰'임은 추가적인 설명이 필요 없는 것이기도 하다. 그렇기에, 노사 간의 신뢰가 구축되지 않은 기업에서 노사 ESG를 섣불리 추진하다가는 여러 가지 오해를 낳을 가능성이 있기에 특히 유의해야 하는 측면이 있다. "요즘 유행(?)하는 ESG 활동을 핑계로 우리 조합원들의 권익 보호에 대한 관심을 돌리려는 의도"라는 오해를 불러올 수 있다는 것이다.

신뢰를 뜻하는 영어 단어 trust는 '편안함'을 의미하는 독일어의 trost에서 유래하였다고 한다. 우리는 누군가를 믿을 때 마음이 편안해진다. 혹시 그 사람이 배신을 저지르진 않을까 하고 염려할 필요가 없기 때문에 마음이 편안해질 뿐만 아니라 배신을 예방하기 위하여 들여야 할 시간과 노력을 절약하게 해 주는 효과를 얻을 수도 있다는 것이다.[20]

신뢰는 결국 쌍방의 노력이 모두 필요하다. 노사 모두가 같이 노력해야만 가능해진다. 그리고 내가 상대방에게 신뢰감을 주기 위해서는 다음의 요소들이 필요하다는 것을 기억해야 한다.[21]

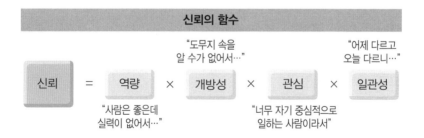

우선, 상대방에게 도움을 줄 수 있고 가치를 제공해 줄 수 있는 실력(역량)이 있어야 한다. 무조건 사람(인간성)만 좋아서는 상대방에게 신뢰를 얻을 수 없는 것이다. 또한, 상대방에게 나를 개방할 수 있어야 한다. 나의 속마음(의도)에 대하여 상대방이 정확히 알지 못한다면 나에 대한 불안감을 떨칠 수 없기 때문이다. 그리고, 기본적으로 나에 대한 관심만큼 상대방에 대한 관심을 갖고 있어야 하고, 그 관심을 상대방에게 보여주어야 한다. 마지막으로 가장 중요한 것이 '일관성'인 것 같다. 상대방을 대하는 태도가 늘 한결같아야 결국 상대방의 신뢰를 얻어낼 수 있는 것이다. 이상의 네 가지 요소는 합(+)의 관계가 아닌, 곱(×)의 관계라는 것도 충분히 이해할 만한 포인트인 것 같다.

나는 노사 간의 신뢰를 앞에서 제시한 함수에 대입해 보면, '개방성'과 '일관성'이 가장 중요하다고 생각한다. 노사 간에 기업 경영에 대한 정보를 정확하고 투명하게 공유하고 상의하는 개방성과 존중을 기반으로 상대방을 대하는 일관성이 그것이다.

앞서 내가 다녔던 LG전자㈜의 사례에서 잠시 언급했지만, 노무 담당자로서 근무했던 경험이 있는 내 관점에서, 이 회사가 대립적 노사 관계에서 가치 창조적 노경 관계로 성공적으로 혁신할 수 있었던 핵심 변화 활동 두 가지는 이런 것이다. (LG전자㈜는 1995년에 금성사에서 현재의 사명으로 변경하였다. 노사 분규는 금성사 시절에 발생하였다.)

먼저, CEO를 비롯한 회사의 주요 임원진이 지방의 공장(사업장)을 방문하는 경우 반드시 해당 공장의 노동조합(지부) 사무실을 가장 먼저 방문하여 지부 집행부에게 회사의 경영 상황과 주요 이슈를 솔직하게 설명하는 간담회를 진행하는 전통이다. 일상적으로 공장의 운영과 관련해서는 공장 임원들에게 수시로 설명을 듣지만, 회사 전체의 경영 상황을 지부의 집행부들은 상대적으로 잘 모를 수 있다. 구미 공장 지부의 집행부들에게 중국의 생산 법인에서 어떤 경영상의 이슈가 있고 그것의 해결을 위하여 어떤 노력을 하고 있다는 것까지 설명하는 활동을 통하여 지부 집행부들의 시야를 확대할 수 있으며, 전사적인 성과 창출에 대한 책임을 나눌 수 있는 효과가 있다. 그리고, 다른 일정에 앞서 회사의 고위 임원이 노동조합 지부 사무실부터 방문한다는 사실만으로도 노조에 대한 회사의 관심과 개방성을 보여줄 수 있는 상징적 효과도 충분히 기대할 수 있게 되는 것이다.

두 번째 핵심 변화 활동으로 생각하는 것은, 사업장 파업 직후부터 시작한 '아침 인사 운동'이다. 파업이 끝나고 뒤숭숭한 생산 현장의 분위기를 전환하기 위하여 사업장 임원 및 조직 책임자들이 매일 아침 직원들의 출근길에서 아침 인사를 하는 활동을 시작하였다. 처음에는 파업을 겪으면서 회사가 무언가를 보여주어야 한다고 생각해서 이런 쇼_{show}도 한다는 냉소적인 반응이 대부분이었고, 임원들의 인사에 화답하는 직원들도 거의 없었다. 하지만, 하루 이틀이 아니고 날씨에 상관없이 지속적으로 출근길에 인사하는 임원들의 활동은 직원들의 생각을 변화시킬 수 있었다. 일관된 활동을 통하여 진정성을 전달할 수 있었던 것이다. 더불어, 노사 간의 협력 증진을 위한 다양한 활동이 병행되면서 더욱 이 활동의 효과가 배가될 수 있었던 것이다.

결국 노사는 한배를 타고 있는 운명 공동체이다. 서로 불신하고 반목하고 대립하면 모두에게 치명적인 악영향을 미친다는 것도 잘 알고 있다. 그리고, 그 과정에서 가장 피해를 입는 것은 노동조합의 소중한 조합원들이 될 것이다. 한국의 모든 기업이 개방성과 일관성을 중심으로 노사 간의 '신뢰'를 제고할 수 있기를 바란다.

2. 기업 ESG 활동의 공유 및 참여

대다수 기업들이 ESG 경영을 효과적으로 실행하는 방법을 모르는 경우가 많은 것이 현실이다. 더욱이, 노동조합 입장에서는 더욱 그럴 것이다. 지역사회를 위한 사회 공헌 활동을 제한적으로 실행해 온 노동조합의 경우에는 ESG 경영이라고 하면 사회 공헌 활동만 열심히 하면 된다고 생각할 수도 있다. 그렇기에, 노사 ESG를 도입하는 과정에서 첫 번째로 검토해 볼 수 있는 실행 방안은 해당 기업이 추진하는 ESG 활동에 노동조합이 참여하여 경험을 쌓는 것이라고 생각한다.

이런 관점에서 우선적으로 제안하고 싶은 것이 있다. 지난 2020년 하반기부터 한국의 많은 기업들이 ESG 경영을 도입하기 위하여 가장 먼저 실행하고 언론에 홍보한 활동이 바로 'ESG 위원회' 설치와 운영이다. 이사회 산하의 위원회로서 ESG 이슈를 논의하고 의사결정을 하는 기구를 설치한 것이다. G(지배구조) 영역에서 이해관계자들이 중요하게 기대하는 부분이고, ESG 경영의 효과적 실행 과정에서도 중요한 변화관리 활동이라고 할 수 있다. 나는 이 ESG 위원회에 회사의 노동조합이 참여하는 것을 우선적으로 제안하고 싶다.

이사회 차원에서 노동이사제를 도입하는 목적과 동일하다고 할 수 있으며, 결국 ESG에 대한 노동조합의 이해와 경험을 강화할 수 있는 아주 효과적인 방법이라고 생각한다. 회사의 ESG 활동을 사내·외 이사들과 같이 공유하고 논의하면서, 기업의 ESG 활동에 대한 건전한 제안도 할 수 있고, 노동조합 스스로의 ESG 역량을 높일 수 있을 것이다. 그리고, 그 과정에서 앞에서 강조하였던 노동조합에 대한 회사의 '개방성'도 충분히 전달할 수 있을 것이기 때문이다.

기업 ESG 활동에 노동조합이 참여하는 또 다른 방식으로는 여러 기업에서 실행하고 있는 '사회 공헌 활동'의 참여도를 강화하는 방안이다. 뒷부분에서 상세히 제안하겠지만, 노동조합이 가장 잘할 수 있는 영역은 '사람'과 관련된 것이라고 생각한다. 조합원들의 복리 증진과 권익 보호를 위하여 만들어진 조직이 노동조합이기에, 사람에 대한 애정을 가지고 효과적인 지원을 가장 잘할 수 있다는 관점이다. 이러한 역량을 발휘하여 회사가 지역사회에 제공하는 사회 공헌 활동 과정에서 노동조합의 역할을 획기적으로 강화하면 좋겠다는 것이다.

3. 노조 자체 ESG 활동 추진

우리 기업에서 추진하는 ESG 활동 참여를 통하여 ESG에 대한 경험이 쌓이게 되면 노동조합이 자체적인 ESG 활동을 추진할 수 있을 것이다. 결국, 노사 ESG 활동 추진 프로세스도 일반적인 ESG 전략 체계를 활용하면 되겠다. P−D−C−A 사이클에 따라서 필요한 활동을 전략적으로 추진하면 되는 것이다.

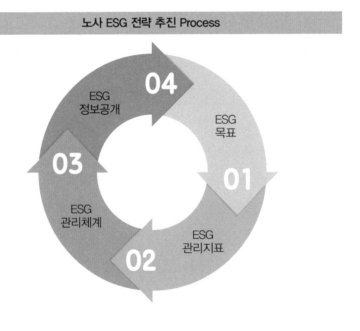

노사 ESG 전략 추진 Process

① 먼저, 노사 ESG 차원에서 무엇을 목표로 할 것인가를 명확히 정하는 것이다. 노사 ESG의 Vision(우리가 생각하는 미래의 바람직한 모습)이나 정량적인 목표, 무엇이든 우리 활동의 지향점을 명확히 정하면 되는 것이다.

② 그 다음으로 노사 ESG 활동 과정에서 관리할 우리의 지표를 결정하는 단계이다. 이 부분과 관련해서는 앞서 LG전자㈜ 노동조합의 사례에서 소개한 ISO26000이나 기타 시장에서 통용되는 ESG 평가 지표 및 공시 지표 등을 활용하여 우리의 현재 수준을 평가하고, 주요 개선(취약) 항목을 도출하여 실행하고 이의 성과를 측정·관리하는 활동으로 연결하면 되는 것이다. 여기에서 한 가지 제안하고 싶은 것은 노동조합의 특성을 감안할 때, 다음의 두 가지 과제를 포함하는 것이다. 이는, ESG 과제 도출의 핵심 접근 방법이 이해관계자들이 중요하게 생각하면서 우리에게도 중요한 과제를 분석하여 실행하는 중대성 분석Materiality Analysis이기에, 노사 ESG 활동에도 이런 관점에서 이해관계자들의 기대를 반영한다는 취지로 이해해 주면 좋겠다.

첫째는 지배구조 이슈이다. 노동조합 스스로가 투명하고 공정한 운영을 추구한다는 관점에서 노동조합의 지배구조를 지속적으로 개선하려는 노력이 필요하다. 지금 이 책의 원고를 정리하는 2022년 12월을 기준으로, 정부가 우리나라의 경쟁력 제고를 위한 3대 개혁을 추진하면서, '노동 개혁'을 핵심으로 추진한다고 언론에서 보도되고 있다. 노동 개혁의 대상으로 근로 시간, 임금 체계와 함께 노조 재정 운영의 투명성 제고가 이슈로 떠오르고 있으며, 일명 '노조 깜깜이 회계 방지법'(노동조합법 개정안)이 국회에서 발의되고 있다.[22] 이제 노동조합도 이해관계자들의 기대를 수용하고 이에 대하여 보다 적극적으로 대응해야 할 환경이 조성되고 있는 것이다.

둘째는, 앞서 사회 공헌 활동 경험을 제안하였듯이, 노동조합의 ESG 활동에는 노조 본연의 역할과 강점을 발휘한 '사람'에 대한 보호 및 지원 활동이 반드시 포함되는 것이 타당하겠다. 당장 우리의 조합원뿐 아니라 우리 회사에 근무하는 직원들의 인권·노동·안전에 대한 점검 및 보호 활동이 선행되어야 할 것이며, 범위를 확대하여 협력사 직원들, 지역사회의 구성원들, 우리 회사의 고객들에 대한 활동으로 전개해 나갈 수 있을 것이다.

③ 노사 ESG 활동의 실행력을 제고하기 위한 '관리 체계'를 구축해야 한다. 이 부분은 앞서 'ESG 변화관리' 부분에서 설명한 내용을 참고하여 노동조합 차원의 변화관리 체계를 구축하는 것이라고 이해하면 되겠다. 변화관리에서도 강조했듯이, 가장 중요한 포인트는 노동조합 집행부의 리더십과 간부 및 조합원들과의 지속적인 공유, 참여이다.

노동조합 집행부와 간부들의 노사 ESG 활동에 대한 정확한 이해와 솔선수범이 필요하다. 사례에서 소개한 LG전자㈜ 노동조합의 경우에도, USR 활동 도입을 검토하는 단계에서부터 본부 조합 및 지방의 각 지부 차원에서 지속적인 교육 등을 통하여 노조 간부들의 정확한 이해를 도모하는 활동부터 시작하였다. 그 과정에서 노조 간부들의 의견과 아이디어를 수렴하여 활동 계획에 반영하는 노력을 병행하였기에, 지속적인 리더십을 확보할 수 있었다. 또한, 매년 정기적으로 개최되는 노조 대의원대회를 통하여 1년 동안의 USR 활동 성과를 공유하고 활동 의지를 다지는 일을 지속적으로 진행하고 있다.

조합원들과의 지속적인 공유, 참여 유도는 실행력 강화의 핵심이다. 노동조합 스스로가 조합원들의 지지가 없으면 존재 가치가 없는 조직이다. 당연히, 모든 활동에서 조합원들의 동의와 지지가 가장 중요하지만, 특히 ESG 활동에서는 가장 중요한 이해관계자인 조합원들의 만족을 최우선적으로 달성해야 하기에, 공유와 참여가 더욱 중요하다고 할 수 있다. 현장의 노조 간부들을 통하여 지속적으로 활동 내용을 설명해 준다거나, 노동조합의 회보 등을 통한 홍보, 노조 집행부의 현장 방문 시 활동 설명 등 우리 노동조합과 조합원들의 특성을 반영한 다양한 커뮤니케이션 채널을 통하여 지속적으로 알려주고, 조합원들이 편하게 참여할 수 있는 다양한 프로그램을 개발·제공해 주는 것이 반드시 필요하다.

④ 노사 ESG 활동의 성과를 이해관계자들에게 정확하게 알려주는 '정보 공개Disclosure' 활동으로 연결하면 된다. 일반적으로 기업 ESG 활동 과정에서 정기적으로 지속가능경영(ESG) 보고서를 발간하는 활동에 해당한다. 다만, 노동조합의 특성 및 입장에서 너무 무리한 방식으로의 정보 공개만 유의하면 좋겠다. 우리 입장에서 굳이 보고서를 발간할 필요가 없는데, 기계적으로 보고서 발간을 할 필요는 없다는 것이다. 대신, 우리의 노사 ESG 활동에 대한 진정성을 보여줄 수 있는 다양한 현실적인 방법을 추진하면 좋겠다. 노동조합 홈페이지를 통하여 노사 ESG 활동 성과를 설명한다든지, 간단하게 동영상으로 제작하여 주요 이해관계자들에게 배포하는 방식 등을 우선적으로 추진할 수 있을 것이다. 그리고, 해당 기업이 외부 ESG 평가 대응을 위하여 지속가능경영(ESG) 보고서를 발간하는 경우에는 그 보고서를 통하여 노사 ESG 활동 성과를 공개하는 방식도 효과적이라고 할 수 있겠다. 정보 공개에 있어 중요한 것은 이해관계자들에 대한 진정성과 정보의 정확성이지, 공개 방식에 제한이 있는 것은 아니라는 점을 반드시 기억하자.

///////////////////

기업은 사람들이 모여서 공동의 목적을 추구하는 집단이라고 하였다. 그리고 그 과정에서 집단적 노사 관계의 중요성은 더 이상 언급할 필요조차 없을 정도이다. 노동조합 본연의 역할인 '조합원 보호 및 권익 신장'을 좀 더 넓은 관점으로, 그리고 좀 더 장기적으로 바라볼 수 있으면 좋겠다.

우리 노동조합이 지속 가능할 수 있는 기반은 무엇인지, 회사의 지속 가능한 성장과 발전이 우리 노동조합에게는 왜 중요한지, 이해관계자들에게 노동조합이 제공할 가치는 무엇인지… 이런 질문들에 대하여 회사와 노동조합이 같이 머리를 맞대고 고민하고 실행할 수 있으면 좋겠다.

그것은 바로 우리 회사의 직원, 곧 우리 노동조합의 소중한 조합원들을 진정으로 챙기는 활동이 될 수 있기 때문이다. 또한 그것이 우리 기업과 노동조합을 바라보는 이해관계자들의 핵심적인 기대 사항이다.

꿀벌과 같은 한국 기업을 응원합니다

지구상에는 수많은 생명체가 살고 있다. 또한, 지금은 사라졌지만 이전에 이 지구에 살았던 생명체들도 많다. 그러한 생명체 중 우리가 알고 있는 대표적인 생명체가 바로 공룡이다. 공룡의 멸종에 대해서는 학자들이 다양한 주장을 하고 있지만, 공룡들도 그들의 생존을 위하여 초식 공룡의 경우 주변의 나뭇잎을 끊임없이 먹어야 했다는 사실은 분명한 것 같다. 하루에 0.5~1톤의 나뭇잎을 먹었다고 한다. 그렇기에 자고 일어나면 주변의 나뭇잎이 없어지고 다시 먹이를 찾아서 지역을 이동하는 삶을 살았던 것이다. (나뭇잎이 풍부한 남쪽 지방에서 북쪽으로 이동) 그러다가, 여러 가지 원인 중의 하나로 또는 그 여러 원인의 연쇄로 이 지구상에서 이제는 사라져 버린 생명체가 된 것이다.

반대로, 비슷한 시기에 이 지구상에 출현한 생명체 중에는 곤충들이 있다. 가장 대표적으로 살펴볼 수 있는 것은 '벌Bee'이라고 할 수 있는데, 이 벌들도 다른 생명체와 마찬가지로 자기의 생명 유지

 VS

에 필요한 영양분을 외부로부터 섭취할 수밖에는 없기에, 꽃으로부터 필요한 영양분을 빼앗아 오곤 한다.

하지만, 벌들은 앞서 얘기한 공룡과 달리 본인의 생존에 필요한 영양분을 꽃으로부터 일방적으로 갈취만 한 것은 아니다. 자신에게 소중한 영양분을 제공하는 꽃들이 필요로 하는 '가루받이'를 도와주는 활동을 추가로 하였다. (또한, 인간들에게 꿀이라는 소중한 먹거리를 제공한다. 더 나아가 꿀벌의 가루받이 역할이 없어진다면, 인간이 재배하는 주요 100대 작물의 70% 가량이 극도의 품귀 현상을 겪거나 혹은 아예 없어져 버릴 수 있다고 한다.) 식물들 역시 바람을 통하여 가루받이를 하는 것보다는 벌(곤충)에게 맡기는 편이 더 효율적이라는 것을 알고 있기에, 자신들의 가루받이를 해 주는 벌들이 좋아하는 먹이를 생산하기 위해 꽃을 진화시켰고, 벌은 꽃의 가루받이를 열심히 해 줌으로써, 서로 서로가 모두 번성할 수 있는 '주고받음'의 관계를 형성할 수 있었고, 지금까지도 지구상에서 건강하게 종種을 유지하고 있는 것이다.[1]

나는 ESG 경영을 쉽게 비유하여 '꿀벌과 같이 경영하는 것'이라고 설명한다. 기업의 당면 과제인 '생존'을 위하여 시장의 고객에게 제품과 서비스를 판매하여 매출과 수익을 창출하는 활동은 반드시 필요하며, 이왕이면 경쟁사에 비하여 탁월하게 고객의 문제를 해결하는 제품과 서비스를 제공하는 경쟁력이 반드시 필요할 것이다. 동시에, 기업은 나의 생존에 도움을 준 이해관계자들(직간접적인 모든 이해관계자)에게 과연 어떤 도움을 줄 것인가를 고민하고 실행하는 것(이해관계자 자본주의)이 바로 ESG 경영이라고 할 수 있기에, ESG 경영을 도입하여 실행하는 기업을 꿀벌에 비유하는 것이다.

또한, 우리가 잘 알고 있듯이 꿀벌은 집단으로 생활하고 있다. 한 무리가 1만~5만 마리의 벌로 이루어져 있다고 하니, 엄청나게 큰 조직이라고 할 수 있다. 이렇게 큰 조직을 운영하는 꿀벌 집단의 생태를 살펴보면 우선은 '분업'이 가장 잘 알려진 방식이다. 여왕벌을 중심으로 일벌이 대부분이며, 그중에서 오랫동안 살아남아 경험이 많은 일벌들이 보초를 서면서 외적과 대항해 싸우는 역할을 수행한다. 두 번째는 '의사소통'이다. 꽃을 발견한 후 다른 꿀벌들에게 위치를 전할 때 목적지와 집이 가까울 때는 단순한 원형 춤을 추지만, 거리가 멀어지면 8자 춤Waggle Dance이라는 특이한 동작을 통하여 정확한 의사소통을 한다고 알려져 있다.

이렇듯, 우리 기업들도 조직을 운영하는 과정에서, 그리고 ESG

경영을 실행하는 과정에서 꿀벌과 같이 직원들을 최우선적으로 챙기며 지원하고, 더 나아가서 모든 직원들과 ESG 경영 목표 달성을 위한 정확한 소통을 바탕으로 개인이 기여할 수 있는 과제를 자발적으로 실행하도록 하는 『직원 중심의 ESG 경영–SPSC Sustainable People, Sustainable Company 문화』가 필요하다는 제안을 하며, 한국 기업들의 ESG 경쟁력 제고를 응원한다.

참고 도서 및 자료 출처

제1장 ESG 경영 시대

(1) 정부부처 합동, 《K-ESG 가이드라인》, 2021
(2) 윤석철, 《경영학의 진리체계》, 경문사, p.130
(3) 중소벤처기업부, 《중소기업 CSR 우수기업 사례집》, 2021
(4) LG Business Insight, 08. 5. 28.

제2장 직원 존중 경영

(1) LG그룹 홈페이지 (https://www.lg.co.kr/about/lgway/4)
(2) HR Insight, 기사 및 참고 도서 내용을 재정리, 20년 6월
(3) 박정열, 《AI시대 사람의 조건 휴탈리티(Hutality)》, 한국경제신문, p.114
(4) 프레데릭 라루, 《조직의 재창조》, 생각사랑

제3장 SPSC 문화

(1) 알렉스 에드먼스, 《ESG 파이코노믹스》, 매일경제신문사, p.288
(2) 김재구 外, 《사회가치 경영의 실천전략》, 클라우드나인, p.60
(3) 김재필 外, 《ESG 혁명이 온다》, 한스미디어, p.186·366

제4장 SPSC 방법론

(1) UN Global Compact 한국협회 홈페이지
(2) 사회적가치연구원, 《ESG 경영 실무를 위한 Social, S in ESG》, p.20
(3) 법무부, 《2021 기업과 인권 길라잡이》, p.39
(4) 제이콥 모건, 《직원 경험》, 이담북스, p.28
(5) 이형종, 《퍼포스 경영》, 시크릿하우스, p.97
(6) 통계청 KOSIS
(7) 서울경제신문 기사, '행복한 노후 보내려면…기대수명과 행복수명이 차이나는 이유', 2017. 10. 10. (https://www.sedaily.com/NewsView/1OM8ZI2COZ)
(8) 서울시 50플러스 재단, 『50+ 상담 매뉴얼』 참조/재구성

⑼ 임홍택, 《90년생이 온다》, 웨일북

⑽ 제이콥 모건, 《직원 경험》, 이담북스, p.74

⑾ 중앙일보 기사, '조용한 사직 신드롬, 앤데믹 시대 뉴노멀 되나', 2022. 9. 21.

⑿ 고용노동부, 《재취업지원서비스 운영 매뉴얼》, 2022. 2.

⒀ 한경 비즈니스, 임주영 교수 기고문에서 발췌, 21. 6. 14〜20

⒁ tvN 신박한 정리 유튜브 (https://www.youtube.com/watch?v=217szRs7dUE)

⒂ 김재필 外, 《ESG 혁명이 온다》, 한스미디어, p.330

⒃ 네이버 지식사전

⒄ 중앙일보 기사, 'MZ 외면에…지난해 노조 조직률 상승세 스톱', 2022. 12. 26.

⒅ 고려대학교 김동원 교수 2021년 강연 자료 (산업정책연구원 노사 ESG 최고위과정)

⒆ LG전자㈜ 노동조합 홈페이지 (https://www.lgeunion.or.kr/)

⒇ 네이버 지식사전

㉑ 류지성, 《마음으로 리드하라》, 삼성경제연구소

㉒ 연합뉴스 기사, '[2023전망] 노동개혁 본격화…70년 된 노동시장 틀 바꾸기', 2022.
    12. 26.

마무리

⑴ 윤석철, 《경영학의 진리체계》, 경문사, p.32

직원 중심의 ESG 경영

초판 1쇄 인쇄 2023년 01월 31일
초판 1쇄 발행 2023년 02월 09일
지은이 김현식

펴낸이 김양수
책임편집 이정은
교정 장하나
펴낸곳 도서출판 맑은샘
출판등록 제2012-000035
주소 경기도 고양시 일산서구 중앙로 1456 서현프라자 604호
전화 031) 906-5006
팩스 031) 906-5079
홈페이지 www.booksam.kr
블로그 http://blog.naver.com/okbook1234
이메일 okbook1234@naver.com

ISBN 979-11-5778-585-8 (03320)

맑은샘, 휴앤스토리 브랜드와 함께하는 출판사입니다.